道教史

序言
PREFACE

　　此本不能說是著作，只將前人及時人研究的結果總撮起來，作為大學參考的書。本分上下，上編述道家及預備道教的種種法術，下編述道教發展中教相與教理。全書創見極少，成見也無。不完不備，在所難免，望讀者賜教。

　　民國二十三年二月編者識於廣州中山大學圖書館

　　「道」的內容極其複雜，上自老莊的高尚思想，下至房中術，都可以用這個名詞來包括它們，大體說來，可分為思想方面的道與宗教方面的道。現在名思想方面的道為道家，宗教方面的道為道教。宗教方面的道教包括方術符讖在裡面，思想方面的道家，就包含易陰陽五行的玄理。道家思想可以看為中國民族偉大的產物。這思想自與佛教思想打交涉以後，結果做成方術及宗教方面的道教。唐代之佛教思想，及宋代之佛儒思想，皆為中國民族思想之偉大時期，而其間道教之勢力卻壓倒二教。這可見道家思想是國民思想的中心，大有「仁者見之謂之仁，知者見之謂之知，百姓日用而不知」的氣概。「道」的思想既然瀰濛一切，為要細分何者為道家，何者為道教，實在也很難，但從形式上，我們可以找出幾種分類法。

■ 一 上品道、中品道與下品道

　　最初把道家與道教略略地整理成為系統而加以批評底是梁劉勰的《滅惑論》。論中提出道家三品說，現存《弘明集》（卷八）中。論說：

案道家立法，厥品有三：上標老子，次述神仙，下襲張陵。太上為宗，尋柱史嘉遁，實為大賢；著書論道，貴在無為；理歸靜一，化本虛柔。然而三世不死，慧業靡聞，斯乃導俗之良書，非出世之妙經也。若乃神仙小道，名為五通，福極生天，體盡飛騰。神通而未免有漏，壽遠而不能無終。功非餌藥，德沿業修，於是愚狡方士，偽托遂滋。張陵米賊，述死升天；葛玄野豎，著傳仙公；愚斯惑矣，智可往歟？今祖述李叟，則教失如彼；憲章神仙，則體劣如此；上中為妙，猶不足算，況效陵、魯，醮事章符，設教五斗，欲極三界，以蚊負山，庸詎勝乎？標名大道，而教甚於俗；舉號太上，而法窮下愚，何故知耶？貪壽忌夭，含識所同；故肉芝石華，謁以翻騰。好色觸情，世所莫異；故黃書御女，徒稱地仙。肌革盈虛，群生共愛，故寶惜涕唾，以灌靈根。避災苦病，民之恆患，故斬得魁魅，以快愚情。憑威恃武，俗之舊風，故吏民鈞騎，以動淺心。至於消災淫術，厭勝奸方，理穢辭辱，非可筆傳。事合泯庶，故比屋歸宗。是以張角、李弘，毒流漢季；盧循、孫恩，亂盈晉末。餘波所被，實蕃有徒。爵非通侯，而輕立民戶；瑞無虎竹，而濫求租稅。糜費產業，蠱惑士女。運屯則蝨國，世平則蠹民。傷政萌亂，豈與佛同？……（《大正藏》

五十二卷五一頁）

　　劉勰對於方術的道教批評得尤其透切。他說用肉芝石華來延壽，借黃書御女來縱欲，寶惜涕唾，斬得魑魅等等，都是術者利用凡愚之情，投人所好，其實沒一樣是足以稱為大道的。北周道安的《二教論》（《廣弘明集》卷八）也本著這三品來區分道教。所謂：「一者老子無為，二者神仙餌服，三者符籙禁厭。就其章式，大有精粗。粗者厭人殺鬼；精者練屍延壽。更有青籙，受須金帛，王侯受之，則延年益祚；庶人受之，則輕健少疾。」（《大正藏》五十二卷一四一頁）

　　這樣分法，可以說是得著道家與道教分別的梗概。其中上品之老莊思想，即所謂道家，甚至可以與佛教思想的一部分互相融洽。中品的神仙與下品張陵即所謂道教，在崇拜和信仰方面，與佛教發生不斷的衝突。

　　求長生，求享樂，是人類自然的要求，而中國民族便依著這種迷信來產生神仙道和求神仙的方術。後來張陵又把神仙道化成宗教，而成為天師道。所以實際說來，這三品沒有截然的分別，後來都混入於天師道裡頭。如強分別它們，我們只能說道家說無為自然；神仙重煉養服食；張陵用符籙章醮而已。但張陵也祖述老子，以《道德經》為最上的經典。他的立教主旨也是無為自然，只依著符籙章醮來做消災升仙的階梯罷了。因此道教也可以名為神仙之宗教化，或神仙回向教。

■ 方內道與方外道

　　梁朝的目錄學者阮孝緒在他新集的《七錄》裡根據《漢書‧藝文志》的分類把道分為方外道與方內道。在《七錄序》裡，列舉群書的種類和卷數。在《內篇》裡，有《經典》、《記傳》、《子兵》、《文集》、《術技》五錄，《外篇》分《佛法》、《仙道》二錄。《子兵錄》裡的《道》、《陰陽》等部，《術技錄》裡的《緯讖》、《五行》、《卜筮》、《雜占》等部，便是方內道家，《仙道錄》所分的《經戒》、《服餌》、《房中》、《符圖》四部便是方外道教，這個分法大體不差。

■ 清靜說、煉養說、服食說及經典科教說

　　宋馬端臨《文獻通考‧經籍考》三十八立道家，五十一、五十二立房中神仙。其所謂道家含有阮孝緒的道部及仙道。《宋》、《遼》、《金》、《元》諸史及《續文獻通考》（卷一百七十五道家，一百八十五神仙家）也是在道家之外另立神仙家，這似乎不甚妥當。《明史》（卷九十八）《藝文志》首先並為一類。馬氏品騭道家為清淨、煉養、服食、符籙、經典科教的五說，以為道離清淨愈遠愈失真。他好像只承認道家思想而輕看道士宗教。但下五品的等次，可以說能攄住道家思想發展的綱領。《文獻通考》（卷二百二十五）《道藏書目》條下，作者評說：

　　按道家之術，雜而多端，先儒之論備矣。蓋清淨一說也；煉養一說也；服食又一說也；符籙又一說也；經典科教又一說也。黃帝、老

子、列禦寇、莊周之書，所言者，清淨無為而已，而略及煉養之事。服食以下，所不道也。至於赤松子、魏伯陽之徒，則言煉養，而不言清淨。盧生、李少君、欒大之徒，則言服食，而不言煉養。張道陵、寇謙之之徒，則言符籙，而俱不言煉養、服食。至杜光庭而下，以及近世黃冠師之徒專言經典科教。所謂符籙者，特其教中一事。於是不惟清淨無為之說略不能知其旨趣，雖所謂煉養服食之書，亦未嘗過而問焉矣。然俱欲冒以老氏為之宗主，而行其教。蓋嘗即是數說者詳其是非。如清淨無為之言，曹相國、李文靖師其意而不擾，則足以致治；何晏、王衍樂其誕而自肆，則足以致亂，蓋得失相半者也。煉養之說，歐陽文忠公嘗刪正《黃庭》，朱文公嘗稱《參同契》。二公大儒，攘斥異端，不遺餘力，獨不以其說為非。山林獨善之士，以此養生全年，固未嘗得罪於名教也。至於經典科教之說，盡鄙淺之庸言，黃冠以此逐食，常欲與釋子抗衡，而其說較釋氏不能三之一，為世患蠱，未為甚距也。獨服食、符籙二家，其說本邪僻謬悠，而惑之者罹禍不淺。欒大、李少君、于吉、張津之徒，以此殺其身。柳泌、趙歸真之徒以此禍人，而卒自嬰其戮。張角、孫恩、呂用之之徒遂以此敗人天下國家。然則柱史五千言，曷嘗有是乎？蓋愈遠愈失其真矣。

　　這五品說是順著年代的變遷而立的。道家始初本著黃、老、莊、列清淨無為的精神，鍛鍊個人的身體以期達到治理邦國的方則。此後則神仙家如赤松子、魏伯陽諸人，專從事於鍛鍊。又到後來如盧生、李少君、欒大諸人專以服食為升仙的道路。因此迷信的成分越來越多。到張陵、寇謙之諸人，一方面推老子為教主，一方面用符籙章醮的迷信與宗教儀式。南北的道家多模仿佛教的禮儀，而不及其精神，

在經典上又多數模仿佛經。到杜光庭、司馬承禎等，只從事於改襲佛經，使道教成為經典科教的末流。這便是所謂「老子之意，愈遠愈失其真」。

馬端臨與劉勰的見解很相同，不過劉勰時代較早，未見到道教後來發展的情形，到馬氏時代道教的派別大概已經定了。歐陽修在《刪正黃庭經序》裡說古時有道而無仙，後人不知無仙而妄學仙，以求長生。不知生死是自然的道理，聖賢以自然之道養自然之生以盡其天年，也就成了。後世貪生之徒，或茹草木，服金石及日月之精光；或息慮，絕欲，煉精氣，勤吐納，這養內之術，或可全形而卻疾。所以說，「上智任之自然，其次養內以卻疾，最下妄意以貪生」。他的評論，只及任自然的道家和服食派與吐納派的神仙家，卻沒說到祛病斬鬼的天師道。至於朱子在《語錄》（百二十五）說：「老子初只是清淨無為。清淨無為卻帶得長生不死。後來卻只說得長生不死一項。如今恰成個巫祝，專只理會厭禳祈禱。這是經兩節變了。」他也是以為道教越來越下。明王禕在《青岩叢錄》裡也說：「老子之道本於清淨無為：以無為為本；以無為而無不為為用。《道德經》五千餘言，其要旨不越是矣。先漢以來，文帝之為君，曹參之為臣，常用其道以為冶，而民以寧一，則其道固可措之國家天下也。自其學一變而為神仙方技之術，兩變而為米巫祭酒之教，遂為異端矣。然而神仙方技之術，又有二焉：曰煉養也，曰服食也。此二者，今全真之教是已。米巫祭酒之教亦有二焉：曰符籙也，曰科教也。此二者今正一之教是已。」王禕的時代比以上諸人晚，除了以全真教屬於神仙方技之術，以正一教為屬於米巫祭酒之教以外也沒有新見解。

四 正真教、反俗教、訓世教

　　上頭三種分法都是道教以外的學者的看法，至於道士們自己的見解，我們可以舉出張君房來做代表。他在《雲笈七籤》（卷三）《道教序》裡把道教分為正真之教、反俗之教和訓世之教。

　　正真之教者，無上虛皇為師，元始天尊傳授。泊乎玄粹秘於九天，正化敷於代聖：天上則天尊演化於三清眾天，大弘真乘，開導仙階；人間則伏羲受圖，軒轅受符，商辛受天經，夏禹受洛書，四聖稟其神靈，五老現於河渚。故有三墳五典，常道之教也。

　　返俗之教者，玄天大聖皇帝以理國理家靈文真訣，大布人間；金簡玉章，廣弘天上。欲今天上天下，還淳返樸，契皇風也。

　　訓世之教者，夫子傷道德衰喪，闡仁義之道，化乎時俗，將禮智而救亂，則淳厚之風遠矣。噫！立教者，聖人救世愍物之心也。悟教則同聖人心。同聖人心，則權實雙亡，言詮俱泯，方契不言之理，意象固無存焉。

　　張君房的分法，實際只有正真與返俗二教，其訓世之教直是儒教，所以不能認為最好的分法。總而言之，古初的道家是講道理，後來的道教是講迷信。而道士們每採他家之說以為己有，故在教義上常覺得它是駁雜不純。《史記‧太史公自序》說：「道家使人精神專一，動合無形，贍足萬物。其為術也，因陰陽之大順，採儒墨之善，撮名法之要，與時遷移，應物變化，立俗施事，無所不宜。約旨而易操，事少而功多。」可見漢時的道家已經有這種傾向。太史公極讚道家，

以為它有臨機應變之術。我們可以看出後來道家或與神仙方士合在一起，或與祭醮符水之天師道合在一起，或與佛教混合起來，或與摩尼教混合（說摩尼為老君之化身，見《化胡經》及《佛祖統記》），到清初所成之《真仙通鑑》，又將基督教之基督及保羅等人列入道教之祖師裡。現在又有萬教歸一之運動，凡外來之宗教無不採取。古來陰陽五行、風水、讖緯等等民間信仰，所信的沒有一樣不能放在道教的葫蘆裡頭，真真夠得上說，「大道汜兮，其可左右」了。

目錄
CONTENTS

序言 / 003

緒說 / 004

第一章・道的意義 / 013

第二章・道家思想的建立者老子 / 017

第三章・老子以後的道家 / 039

第四章・道家最初的派別 / 051

第五章・秦漢的道家 / 095

第六章・神仙的信仰與追求 / 119

第七章・巫覡道與雜術 / 137

道的意義

道士們用「道」字來稱他們的宗教，所以在講道教以前，當先把道的意義略為述說一下。固然，一切名辭都有它的原本意義和以後發展的解釋意義。道的原本意義只是道路，是人所行的道路。到春秋以後，「道」字才附上玄學的意味，因而產出許多解釋。最初的解釋是宇宙依以運行的軌則便是道，凡宇宙間一切的現象都是道的示現。現象的道是從創造以至化滅的歷程，用現在通用的術語便是時間與空間，但在古道家的名辭裡便叫做「造化」。造化也就是道的異名[1]。道的威力非常地大，萬物若果順應它便是有造化，就是說，萬物生滅的程序不亂，各依著應歷的途程，該生的時候生，該滅的時候滅，彼此該發生關係的時候發生關係，該互相拒絕的時候互相拒絕。天災人患便是沒造化，不當病而病，不應老而老，不該死而死，便是沒造化，便是無道。順應是很要緊的，所以說，「天地以順動，故日月不過而四時不忒。聖人以順動，則刑罰清而民服」[2]。無論道儒，都把這道看為得之則生失之則死的至寶，自然與人間一切的活動都離不了它。

　　《易經繫辭》（上）裡載著「一陰一陽之謂道」，若依這意思把道分析起來，便成天道與地道。《易經・說卦》說：「立天之道，曰陰與陽；立地之道，曰柔與剛。」陰陽是屬於性的，柔剛是屬於質的。合性與質便是整個的道。至於說，「立人之道，曰仁與義」，乃是屬於事的為的，或可以說是道示現於人間的活動狀態。人道比起天地之道實在算不了什麼，不過是對於大道為很渺小的模仿而已。

　　道家與儒家所講的道的不同處，在前者所注重的是陰陽柔剛之

1　見《淮南子・原道訓》與造化者俱，「解為道。《淮南》裡所用的造化都含有道或時間與空間的意義。
2　《易經・坤・文言》。

道，後者是仁義之道。儒家也承認人是「共天地之德」[3]；是「與天地合其德，與日月合其明，與四時合其序，與鬼神合其吉凶」[4]。所以在《莊子・漁父》裡假托孔子的話說：「道者，萬物之所由也。庶物失之者死，得之者生。為事，逆之則敗，順之則成。故道之所在，聖人尊之。」仁與不仁，義與不義，是對於道的順或逆的行為，儒家所注重的只在這一點上，所以只講人道。子貢說，「夫子之言性與天道不可得而聞」[5]，這或者是因為孔子看天道近乎神，所以不說罷。[6]《論語》裡所講的道多半是屬於人的。我們也可以說儒的所謂道多從軌則方面看，道家就多從理性方面看。雖然如此，道儒二家都承認順應天道為善，好像天道是有意志或能感應的存在，簡單地說，也可以稱它為天或天地。《老子》（七九）說：「天道無親，常與善人。」與《書經・湯誥》「天道福善禍淫」的口氣一致。《老子》這句雖不能認為與道家思想相合，但也可以看為後來道家的意見。可知感應的思想是儒家與以後的道家共同的見解。關於道的意義，以後還要說到，且略於此。

在道教建立以前，古代思想家已經立了多門的道說，其中最重要而與道教有關係的是倡唯道論的道家。

道家在思想發達的順序上應當是比儒家晚。上面所說儒道二家對於道的見解和注重點不同，便是因為道家要超出人道來建立道說，儒家見周室衰微，禮樂崩廢，極望著把它們復興起來。道家以為禮樂崩

3　《禮運》。
4　《易經・文言》。
5　《論語・公冶長》。
6　天道即神道，例如《易・觀・彖》說：「觀天之神道而四時不忒。聖人以神道設教而天下服矣。」

廢不是大事，最要的當是順應自然之道。儒家稱堯舜，道家便假托二君以前的黃帝。司馬遷在《史記・自序》裡引司馬談述道家的話，說：「其為術也，因陰陽之大順，採儒墨之善，撮名法之要。」這都可以看為道家後於儒家的徵驗。

道家思想的建立者老子

因為道家思想是後起的，所以「道家」這名辭比起「墨者」、「儒家」等也可以說時代稍後。在先秦的文籍裡有以孔對墨稱「孔墨」或稱「儒墨」，但沒有稱「儒道」的。《史記》（卷五十六）《陳丞相世家》記陳平的話說：「我多陰謀，是道家之所禁。」這雖可以說「道家」的名稱在漢初已有，但所指是否限於老莊之學，卻很難說。《史記‧太史公自序》所載司馬談之說和《儒林傳》都以這學派為「黃老之術」；《莊子傳》稱為「老子之術」；《韓非傳》稱為「黃老」；《陳丞相世家贊》稱為「黃帝老子之術」；《曹相國世家》稱為「黃老術」；《淮南子‧要略篇》稱為「老莊之術」。可知當時「道家」的名稱不很流行。然而在戰國末年，《老子》以來的道家思想幾乎瀰漫於學人中間，漢初所稱的道家，也許可以看為老莊之術的成分很多罷。至於稱「黃老之術」，是因為秦漢間老子學說與鄒衍的陰陽說混合起來以後的名稱。陰陽家推尊黃帝為當時「學者所共術」，其說尤能與道家對於事物消長順逆之理想參合。於是黃帝也成為道家所推崇的人物了。[1]固然在《莊子》裡也說過黃帝，不過不像陰陽家把他說得那麼重要而已。道家思想的承繼和變遷不很明瞭，把現存的《老子》和《莊子》的內容比較一下，想能夠得著多少斷定。

甲 老子是誰

老子到底是誰，或謂沒有這人，是近來發生的問題。在解答這問題時，隨即要回答《老子》是誰的著作。日本津田左右吉先生以為老子是烏有先生一流的人物。[2]他說在《史記‧老子傳》裡所記老子的

---

1 參看拙著《道家思想與道教》。（《燕京學報》第二期，二六〇頁。）
2 津田氏《道家思想與其發展》。

事實極不明瞭，一會說是老萊子，一會說是周太史儋，一會又說他是李耳，可知司馬遷時代，老子是誰已有異說，而其中最有力的說法是以老子為老聃。《韓非子・六反篇》引《老子》第四十四章的文句，稱為老聃之言。被疑為漢代作品的《莊子・天下篇》有一半見於《老子》；《寓言篇》也引用《老子》第四十一章的文句，所謂老子即是老聃。《准南・原道訓》引《老子》第四十三章的文句；《道應訓》引第十四章的文句，也記老聃之言。老聃的名字屢見於《莊子》和《呂氏春秋》裡頭，可見他是當時為一派的學者所推崇，因為稱之為老子。但老聃究竟是誰也不得而知。

崔述在《洙泗考信錄》（卷一）裡也說：「老聃之學，經傳未有言者，獨記載《曾子問篇》。孔子論禮頻及之，然亦非有詭言異論如世俗所傳云云也。戰國之時，楊墨並起，皆託古人以自尊其說。儒者方崇孔子，為楊氏說者因托諸老聃以詘孔子；儒者方崇堯舜，為楊氏說者因托黃帝以詘堯舜。以黃帝之時，禮樂未興，而老聃隱於下位，其跡有近似乎楊氏者也。今《史記》之所載老聃之言皆楊朱之說耳。其文亦似戰國諸子，與《論語》、《春秋傳》之文絕不類也。」

主張老子為歷史人物比較地多。馮友蘭先生以為李耳實有其人，而老聃的有無則不得而知。司馬遷誤以老聃與李耳為一人，故夾雜了許多飄渺恍惚之談。《道德經》為老子所造，只為隱自己的名字而稱為老聃之書。或者李耳之書本名《老子》，表明是一長老人所著，如《漢書・藝文志》中道家有《鄭長者》，陰陽家有《南公》，農家有《野老》，《樂毅傳》裡的河上丈人，「老子」猶言「長者」、「丈人」，皆長老之通稱；以「老子」名書，猶《野老》等之例。但今所有之

《老子》亦曾經許多次添加修改，不能必謂成於一人之手。日本武內義雄先生也和馮先生一樣，用《史記》所載老子子孫的系譜來做老子曾生於人間的根據。[3]所不同者，他認老聃便是老子。《史記》記老子為孔子的前輩，就當紀元前五百年前後的人物，而在《傳》後又載老子以下八代的子孫，說假仕於漢孝文帝，假子解為膠西王卬太傅，因家於齊。膠西王死於漢景帝三年（西紀前一五四），今以三十年為一代推算起來，從西紀前一百五十四年上推二百四五十年老子便成為西紀前四百年前後的人物。這與孔老會見的傳說的年代相差約一百年。司馬遷採用俗說，以老子壽長百六十歲或二百餘歲，表面雖可免於矛盾，但這樣長壽，於事實上恐怕不能有。孔老會見的事情恐怕是出於老莊後學所捏造。至於老子子孫的系譜，《史記》以外的文獻全然沒有。司馬談曾從黃生學道家之說，可知這種記載是依據黃生所傳的材料得來的。但司馬談是景帝時人，與系譜中最後一人同時，所以從老子的子孫直接說出也很可能。《史記》載老子的子孫為：

老聃—宗—注—宮—○—○—○—假—解

此中老子之子宗為魏將，封於段干，《史記・魏世家》及《戰國策》都記魏將段干崇的名字，日本如齋藤拙堂諸人以為便是老子之子宗，恐怕還是宗之子孫較為適宜。但這些說法都沒有充分的證據，不能執為定論。武內先生以為老子當與子思、墨翟同時，《論語》沒說到他也是當然的事。[4]

至於孔子問禮於老子的事，若把《曾子問》與《史記・老子傳》

---

3 馮友蘭：《中國哲學史》上卷。
4 武內義雄：《老子與莊子》，四七至四八頁。

比較起來，便知二者的思想不同。若依《老子》（三十八章）「失道而後德，失德而後仁，失仁而後義，失義而後禮。禮者忠信之薄而亂之首。……」也可以理會老子也是楚狂、長沮、桀溺一流的人物，豈是孔子所要請益的人？孔老相見的傳說想在道家成派以後。在《呂氏春秋·二月紀·當染篇》裡有孔子學於老聃的記載，問禮的傳說大概是從這裡來的罷，《史記·孔子世家》對於孔子問禮的事也用懷疑的語氣，說：「適周問禮，蓋見老子云。」可見司馬遷也不信孔子與老子有何等真切的關係。

　　將老聃和孔子放在同時代最古的文字是《呂氏春秋》與《莊子》。《呂氏春秋》是戰國末年的書，《莊子》記孔老的那幾篇也幾乎是與這書同時。在《呂氏春秋》以前，沒有孔老相見的說法，可見這是道家得勢後的附會。

　　老子思想與孔子思想是立在對抗的地位上，《莊子》中關於孔老問答的那幾篇便是本著這點寫成的。所謂「楚人」，是因道家思想起自南方。儒家思想是北方所產。北方的堯、舜、禹、湯、文、武、周公、孔子之道與南方黃帝、神農、許由、老子之道相對抗。戰國末年，南方與道家思想有密接關係，所以唱行道家的宗師多被定為南方人。如《呂氏春秋·慎行論·求人篇》載許由生於「沛澤之中」，《孝行覽·慎人篇》又說他是潁陽人。《孟子》所說神農之道，也是在楚國盛行的。稱老子為楚人，本不必限於楚國本境，因為戰國末年，南方諸國都稱為楚。

　　關於老子的鄉里，《史記》說是楚苦縣厲鄉曲仁里，而《莊子·

天運篇》及《寓言篇》都說老聃是沛人。《史記》說老子出關，莫知所終，而《莊子·養生主》卻記載老子死的故事。今本《史記》說老子「姓李氏名耳，字伯陽，諡曰聃」。《索隱本》載「名耳字聃」，而無字諡。以李為姓，《正義》與《索隱》的說明都是神話，為什麼名聃，也沒有的解。《漢書·藝文志·老子鄰氏經傳四篇》注說「姓李名耳」，恐怕以老子為姓李是劉向父子的時代流行的說法。《呂氏春秋·仲春紀·當染篇》「舜染於許由、伯陽」句下，高誘注說「伯陽，蓋老子也，舜時師之者也。」時代越後，老子所授的徒弟越古，越到後來，他便成為開天闢地以前的神靈了。以伯陽為老子的字，葛洪的《神仙傳》是本於高誘的注而來的。以老子為周守藏室之史的傳說或者本於《莊子·天道篇》，而《孔子世家》採用其說。但《天道篇》所記全是假託，不足憑信。

《史記》又說老子或是老萊子，或是周太史儋。太史儋是秦獻公時人，後於孔子百餘年。他的唯一事蹟見於《史記·周本紀》所說「始周與秦國合而別；別五百載復合；合十七歲而霸王者出焉」，這個是周命將終，秦祚當興的預言，總是出於秦孝公以後的話。司馬遷也不能斷定，所以說：「或曰儋即老子，或曰非也。世莫知其然否。」《索隱》與《正義》都不以老子即太史儋為然。其次，老萊子即老子的說法也不可信。司馬遷自己對於這層也有疑竇，所以用「或曰」的語氣。或者自「或曰老萊子亦楚人也」，至「與孔子同時云」一段，只明老萊子也是個道家，不一定就是老子。《史記·老子傳》記老萊子著書十五篇（《漢書·藝文志》作十六篇），言道家之用，明示與老子著書上下篇言道德之意是兩個人和兩部不同的著作。老萊子在

《楚策》裡是教孔子以事君之道的人;《莊子・外物篇》也記他與仲尼的談話。此外,《大戴禮・衛將軍文子篇》也記他對於孔子的批評。關於老萊子的文獻只此而已。然而《國策》所記只能視為戰國時代的傳說;《外物篇》與《衛將軍文子篇》都是漢代作品,所說無疑是漢人的話。還有劉向的《列女傳》記老萊子七十斑衣娛親的故事,恐怕也是小說家言罷。看來,老萊子的名字在先秦時代人知道的很少。老萊子十五篇今不傳,現在僅見於李善《文選注》所引《尸子》的逸文一句,說:「尸子曰:《老萊子》曰,人生天地之間,寄也,寄者固也。」(《文選》魏文帝《善哉行注》)總而言之,以太史儋為老聃,恐怕是儋聃同音所致;以老萊子為老子,為楚人,恐怕也是影射老聃或學宗道家而冠以「老」字的罷。冠老字的著作如《老成子》、《老萊子》,多與道家有關,也許是一種稱號。

老子與關尹的關係,依《史記》,《道德經》是為關尹而作。關尹的名見於《呂氏春秋・審分覽,不二篇》,說:「老聃貴柔,孔子貴仁,墨翟貴廉,關尹貴清,子列子貴虛,陳駢貴齊,陽生貴己,孫臏貴勢,倪良貴後。」《莊子・天下篇》也將老子和關尹並稱。可見在戰國末年,關尹學派與其他學派並行,因為貴清、貴虛、貴齊等派,與老子的貴柔很接近,漸次混成道家的派別,老關的關係想是這時代的假托。說老子壽百六十餘歲或二百歲,也是從戰國末年道家養生的思想而來的。

乙 道德經

現在的《老子》是否老子的原作,也是一個問題。《漢書・藝文

志》載《老子鄰氏經傳》四篇,《老子傅氏經說》三十七篇,《老子徐氏經說》六篇,劉向《說老子》四篇,可惜現在都見不著,無從參證。從經內的章句與思想看來,因為矛盾之處甚多,故可以斷定其中必有許多後加的文句。如果現存的《老子》沒經過後人增改,在文體上應當首尾一致,但其中有些章句完全是韻文(如第二十一章),有些完全是散文(如第六十七章),又在同一韻文裡,有些類似騷賦,有些同於箴銘;同一散文,有些是格言,有些是治術,甚至有些屬人經注。[5]僅僅五千文的一小冊,文體便那麼不一致,若說是一個人一氣寫下來的,就未免有點牽強。《史記》說,老子著書「言道德之意五千餘言」,從現存本看來很難說與漢初的本子相同,有許多可以看為漢代加入的文字。如《莊子・天下篇》所引老聃之言:「人皆取先,己獨取後。」「受天下之垢,人皆取實,己獨取虛。無藏也,故有餘。涗然而有餘,其行身也,徐而不費。無為也,而巧笑。人皆求福,己獨曲全。」「苟免於咎,以深為根,以約為紀。」「堅則毀矣,銳則挫矣。常寬容於物,不削於人。」這些文句都不見於現存的《老子》。其他如「知其雄……」,「知其白……」,「受國之垢」,「曲則全」,「深根」,「挫其銳」則散見於今本《老子》,但表現法和思想多與今本不同。這大概是由於引用者的誤記,或傳誦間所生的偽訛吧。或者今本《老子》是取原本一部分的文句,加上輯者以為是老子的話而成,故此現出許多斷片的格言。[6]漢代著作所引的《老子》幾乎都與今本不同。如《韓非》的《解老》、《喻老》,《淮南》的《道

5 　如六十七章「是以聖人處上而民不重,處前而民不害」是上句「是以聖人欲上民,必以言下之,欲先民,必以身後之」的解釋,又如二十二、二十三、五十四諸章的一部分,及八十章,都是散文,與其他文體不合。

6 　若把今本《老子》二章與十章、三十四章、七十七章比較,三章與六十四章比較,四章與五十六章比較,十章與五十一章比較,二十二章與六十六章比較,三十章與五十五章比較,三十二章與三十七章、四十四章比較,三十四章與六十三章比較,三十七章與四十八章比較,便知其中重複之句頗多,或不重複意義也相同。

應訓》、《原道訓》、《齊俗訓》、《詮言訓》、《人間訓》,《韓詩外傳》、《史記‧貨殖傳》中所引的《老子》,只有《解老》中的一句是今本所存的。可知今本是後改的本子,不是原本。

從思想方面看來,今本《老子》有許多不調和的地方。如六十七章所立的「三寶」不能與排斥仁義禮名的態度相融洽。不重視善惡區別的道家思想,也不能與七十九章的「天道無親,常與善人」相調和。「取天下」(二十九、四十八、五十七章)也不與崇尚無為的見解一致。五十四章的子孫祭祀、列記鄉國天下,生死、攝生(五十章),長生久視(五十九章),兵(三十及六十九章),「立天子,置三公」(六十二章),「聖人用之,以為官長」(二十八章),簡直不是道家的話。又眾人與我的分別(二十章),天道與人道的對舉(七十七章),都與說柔弱、說退、說屈等精神不和。這些都可看出《道德經》中所表示的思想的混雜。再進一步考察起來,老子的根本思想,在《道德經》中也有與它衝突之處。拿「失道而後德」(三十八章)來和「孔德之容,惟道是從」(二十一章)與「道者同於道,德者同於德」(二十三章)比較;「上仁為之而無以為,上義為之而有以為」(三十八章)與「大道廢,有仁義」及「絕仁棄義,民復孝慈」比較;五章的「天地不仁」以下幾句與四十九章的「善者吾善之,不善者吾亦善之」、「善之與惡,相去何若」(二十章)、「天下皆知善之為善,斯不善已」(二章)、「善,人之寶;不善,人之所保」(六十二章)比較起來,不能不說彼此的矛盾處很多。

今本《老子》有些地方夾入俚諺,有些是引用它書的文句。如「曲則全」(二十二章)之後,便說「古之所謂『曲則全』」,是用古

諺的證據，八十章的「甘其食，美其服，安其居，樂其俗，鄰國相望，雞犬之聲相聞，民至老死不相往來」，也見於《莊子・胠篋篇》。十三章的「故貴以身為天下，若可寄天下；愛以身為天下，若可托天下」，與《莊子・在宥篇》相同。恐怕是輯《老子》的人改竄《莊子》而來的。又如「善者不辯，辯者不善「（八十一章），是戰國末年流行的辯者所說，在老子時代恐怕也不能有。又三十六章「將欲翕之，必固張之」等句明是一種方略，與主張虛靜無為的老子思想全然不同。這文句在《戰國策》與《韓非子》中同說為引《周書》之文。所謂《周書》即《周書陽符》或《太公陰符》，為陰謀家與縱橫家所尊崇的經典。這些文句是陰謀家言行竄入《老子》裡頭。又，十八、十九兩章的仁義等句，明是反對高唱仁義的儒家。孔子雖常說仁與義，卻未嘗把仁義連起來成為一個名辭。[7]仁義是孔子以後的儒家術語。孟子力說仁義，然而《孟子》全書，並沒提到這排斥仁義最力的老子。如果《老子》之說為當時所流行的，孟子不能不攻擊他。這章恐怕是孟子以後之文。在道家系統中，與這章最相近的主張是法家慎到的說法，恐怕也是慎子一派之言竄入《老子》裡頭的。這樣看來，今本《老子》直像一部從多方面選錄的道家教科書，思想與文體都呈混雜的狀態。最低限度，也可以說是原本《老子》的增改本。在《論語》及《孟子》裡，我們可以看見孔、孟的人格活躍在紙上；在《道德經》中卻不能找出老子的真性格，所以懷疑老子不是歷史人物也未嘗不可。

然則《道德經》原本的作者及其時代是否相傳的老子又是另一問

7　這當然是以《論語》為限，《莊子》《大宗師》、《天道》、《天運》諸篇，《韓非》《五蠹篇》，《禮記》的《表記》、《中庸》也記孔子說仁義，但都是後人指為或假託孔子之言。

題，津田先生以為從《荀子‧天論》對於老子的批評「老子有見於拙，無見於信」看來，這書當成於《孟子》以後，《荀子》以前，作者大約是西曆紀元前三百年左右的人物。武內先生以為老聃是西曆紀元前四百年前後的人物，而《道德經》當成於紀元前二百四十年頃。老子以後百數十年間，其思想傳授的歷程不得而知。現存《老子》裡的有韻部分大概比其餘散文部分較古。《荀子‧解蔽篇》中有「《道經》曰：人心之危，道心之微」的引文。《道經》這名字，暗示著在荀子時代道家的書不止《老子》一部。再者，當時道家不但有像儒家的經，並且也有傳。《荀子‧修身篇》引「《傳》曰，君子役物，小人役於物」一句，與《莊子‧山木篇》「物物而不物於物」的見解相同，可知這所謂「傳」，是道傳。《解蔽篇》有「虛一而靜」、「至人」、「無為」，《禮論》中有「太一」等辭，都是出於道書的。在《老子》裡沒有「太一」、「至人」。《莊子‧天下篇》敘關尹、老聃之道，說：「建之以常無有，主之以太一。」這名詞後來屢見於《呂氏春秋》（《仲夏紀‧大樂》、《審分覽》諸篇）。「至人」這詞見於《莊子‧逍遙遊》：「故曰至人無己，神人無功，聖人無名。」《老子》中只有「聖人」，故《解蔽》所用的「至人」是從以前的道書得來的。《莊子》中的「故曰」底下的文句多是引用早期的道書。可知在現存的《老子》未被修輯以前當有許多別行的道家經籍。《列子‧天瑞篇》「谷神不死」一段是今本《老子》所載，而書卻冠以「黃帝書」的名稱。同篇別段也有這名字。又《力命篇》及《莊子‧知北遊》的黃帝之言亦見於《老子》。當時的道書多半是佚了，只剩下些被採入《老》、《莊》等書的引句。打開《老子》的時候，讀者當注意到這一層。

丙 老子的思想

從現存《老子》看來，通篇首尾，除掉十篇左右以外，都是說明治天下與處世的法術。其中所謂「道」、「德」、「虛靜」、「得一」、「無為」、「無欲」、「不爭」、「自然」、「柔」、「損」等都不外是政治的方術、成功和保全身命的道理。它含有很濃厚的法家思想，恐怕是法家的學者將道家的《老子》原本改訂的。《莊子·天下篇》評論周末諸子之學：一論墨翟、禽滑釐，二論宋鈃、尹文，三論彭蒙、田駢、慎到，四論老聃、關尹，五論莊周。《天下篇》可以看為《莊子》的跋，作者把莊子放在五派的末了，可知為莊周的後學所作。作者評老、關的學說說：

以本為精，以物為粗，以有積為不足，淡然獨與神明居。古之道術有在於是者，關尹、老聃聞其風而說之。建之以常無有；主之以太一；以濡弱謙下為表；以空虛不毀萬物為實。

關尹曰：在己無居，形物自著。其動若水，其靜若鏡，其應若響。芴乎若亡，寂乎若清。同焉者和，得焉者失。未嘗先人，而嘗後人。

老聃曰：知其雄，守其雌，為天下谿。知其白，守其辱，為天下谷。人皆取先，己獨取後。曰：受天下之垢。人皆取實，己獨取虛。無藏也，故有餘，浩然而有餘。其行身也，徐而不費，無為也而巧笑。人皆求福，己獨曲全。曰：苟免於咎，以深為根，以約為紀。曰：堅則毀矣；銳則挫矣。常寬容於物，不削於人，可謂至極。

關尹、老聃乎，古之博大真人哉！

這裡所引老聃之言和現今的《老子》不甚一致，作者大概是師承莊周所傳的老聃的話；至於今本《老子》或者是師承法家學者所傳的老子的話。從這兩派的異傳，我們可以推測老子思想的原型。《天下篇》所傳可以說是正統道家的思想。正統道家思想的出發點在辨別存在現象的精粗。存在的本體是精的，現象是粗的。凡是體積的事物都不足以當道的本體，所以獨要淡然向著超體積的神明去求。這神明便是本。本即是常恆不易而超乎現象的無。從產生萬物的功能說，便名為有。有萬物的實體本是虛空無有，所以存於萬物中間而不毀萬物，因為萬物的本性不毀，人生不能有何等造就或改革、或毀壞。所以處世貴乎順從、無為、濡弱、謙下。這些話，歸納起來，不過兩端，一是玄學方面的太一論，一是實用方面的謙弱論。

老聃、關尹以現象的本體為太一、「常無有」來說明。「太一」不見於今本《老子》。在今本中只有「大」（第二十五章）與「一」（第十四、三十九、四十九章）。太一的最早的解釋，當以《呂氏春秋‧大樂篇》「道也者，至精也，不可為形，不可為名，強為之，謂之太一」這一句為最近於老聃的意思。太一便是道的別名。今本《老子》第二十五章，俗名這先天地生的物曰道，曰大，和《大樂篇》強名之為太一的說法很相同。又，今本《老子》第三十九章所要得的「一」與第十章所要抱的「一」，都是指道而言。老聃、關尹舉出「常，無，有」三個字來說明太一，今本《老子》第一章解不可道之道為常，天地之始為無，萬物之母為有，可以參照。

老聃、關尹的謙弱論在《天下篇》所引比較地詳明。關尹說：「在己無居，形物自著。……得黑者失。未嘗先人，而嘗隨人。」老

聊說要守雌、守辱、取後、取虛、無藏、無為等。這些是他的處世金針，和今本《莊子》的意思相同。謙弱論的大意是以為道的運行，在感覺中只見相對的現象，如今本《老子》第二十九章說，物是或行、或隨，或歔、或吹，或強、或羸，或培、或墮；又如第二章所說，有無相生，難易相成，長短相形，高下相傾，音聲相和，前後相隨；又如第五十八章所說的禍福相倚伏。大道在運行的歷程上必有這種相對的現象，世人若偏執一面，如執有捨無，就易避難，捨短取長，乃至惡卑好高，趨福避禍，都能使人生陷於不安，競爭從此而起，災難從此而生，直至把道失掉。謙弱論便是對這些有對的和積極的見解所下的方藥。

以上是對於老、關學說的本來面目的推測，若依今本《老子》，我們便能夠瞭解得詳細一點。但要注意它是法家的道學。今本《老子》也偏重處世一方面的方術，對於道的本質也談得不詳盡。現在將其中的道論與人生論分析在下面。

丁 道論

《老子》的道論是全部思想的根據。道可以從兩方面看，一是宇宙生成的解析，二是萬物本性的說明。第十四章說：「視之不見名曰夷，聽之不聞名曰希，搏之不得名曰微。此三者不可致詰，故混而為一。其上不皦，其下不昧，繩繩不可名，復歸於無物。是謂無狀之狀，無物之象。是謂恍惚。」第二十一章說：「道之為物，惟恍惟惚。惚兮恍兮，其中有象。恍兮惚兮，其中有物。窈兮冥兮，其中有

精。」第二十五章說:「有物混成,先天地生。寂兮寥兮,獨立不改,周行而不殆,可以為天下母,吾不知其名,字之曰道。」道是感覺器官不能完全理解的實體,所以名之為恍惚。宇宙的生成是從道而來。第四十章說:「天下萬物生於有,有生於無。」無,依上頭的意思是道的別名,不過今本《老子》已將有無、一、萬物,排成次序了。所以四十二章說:「道生一,一生二,二生三,三生萬物。」道是萬物的混沌或恍惚狀態。一是成了形質的最初元。二是陰陽。三是陰陽開展的最初狀態,從此以後,便成為繁複的物。書中所謂「無狀之狀,無物之象」(十四章),「有物」、「有象」(二十一章)都是說明從渾沌生出萬物以前所含的生成的能。《老子》只說明生的現象,卻沒說明怎樣生法。大概作者只認定有一個內在的道為宇宙本體,一切不能離開它,它是一切事物的理法和準則。所以說「以道涖天下,其鬼不神」(六十章)。又說「上善若水。水善利萬物而不爭,處眾人之所惡,故幾於道」(八章)。人生當以這自然存在的道為準則,然後能得安寧。在這裡,不能不把道的本性指示出來。「道常無為,而無不為。」(三十七章)「生而不有,為而不恃,長而不宰,是謂玄德。」(十章)「致虛極,守靜篤,萬物並作,吾以觀復。夫物芸芸,各復歸其根。歸根曰靜,是謂復命。」(十六章)看來,萬物的本性是不有、不恃、不宰、致虛、守靜。總而言之,它是有生的進程,卻沒有生的欲望;有養育的德,卻不居其功。第三十四章說:「大道氾兮,其可左右。萬物恃之而生而不辭,功成不名有,衣養萬物而不為主。常無欲,可名於小。萬物歸焉而不為主,可名為大。以其終不自為大,故能成其大。」道的本性既然如此,從它產生的萬物也不能不同。因此人也當隨著這個準則去過日子。

宇宙生成的說明在先秦的文獻中沒有詳細的記載。儒家的典籍更不談這個。古代中國所注重的知識只在與人間有密切關係的道德、政治、處世、立身等等上頭，至於宇宙如何生成，卻沒人注意到。《淮南子・天文訓》載：「天墜未形，馮馮翼翼，洞洞灟灟，故曰大昭。道始於虛霩，霩生宇宙，宇宙生元氣，元氣有涯垠。清陽者薄靡而為天，重濁者凝滯而為地。清妙之合專易，重濁之凝竭難。故天先成而地後定。」這是後來的道家知識進步了，對於天地剖判的程序才有清陽為天，重濁為地的說明。「天地剖判」初見於《史記・孟子荀卿傳》引鄒衍的話，恐怕最初注視這個問題的是陰陽家。到吳時徐整的《三五曆記》便有「未有天地之時，混沌狀如雞子」和盤古開天闢地的神話，這也許是南方的傳說或印度金卵化生說的傳入。《老子》的宇宙生成的見解，是從陰陽家得來的。

　　其次，在《老子》裡也有幾處說到天道。天在中國是支配人生的尊體，是宗教崇拜上的最高對象。《尚書》屢言天命，《論語》也常見天。對於天的理解純是依於人間生活，擬之為人。故天有意志，有感情，能歆受人間的祭祀。天命是超乎人間能力所能左右的命運，宇宙間所以有秩序，便是因為有了它。但宇宙並非天所創造，乃是自然生成。這生成的力是天之德。天的思想到孟子時代已很發達，但儒家並不十分重看天命，只以它為宇宙一定的法理。《論語・公冶長》記夫子之言性與天道不可得而聞；孟子說誠是天道，思誠是人道，人所重在人道，因它含有倫理的意義。《老子》裡的天是自然、無為，所以說：「不出戶，知天下；不窺牖，見天道。」（三十九章）又說：「天道其猶張弓乎！高者抑之，下者舉之，有餘者抑之，不足者補之。天

之道損有餘而補不足，人之道則不然，損不足以奉有餘。」（六十四章）又「天之道不爭而善勝，不言而善應，不召而自來，坦然而善謀。」（六十一章）這些都是以天道為至公無私，不求自在，不為自成的意思。故說：「治人事天莫如嗇。」（五十章）「人法地，地法天，天法道，道法自然。」（二十一章）也是指明一切都是取法自然的意思。

戊 人生論

《老子》的人生論是依據道的本性來說明的。這也可以從兩方面來說明：一是人生的歸宿，一是生活的方術。人生的歸宿屬於歷史哲學的範圍。《老子》所主張的是一種尚古主義，要從紛亂不安的生活跑向虛靜的道。人間的文明從道的觀點說來，是越進展越離開道的本性。第十八章說：「大道廢，有仁義；智慧出，有大偽；六親不和，有孝慈；國家昏亂，有忠臣。」十四章說：「執古之道，以御今之有，能知古始是謂道紀。」又，第三十九章說：「昔之得一者，天得一以清；地得一以寧；神得一以靈；穀得一以盈；萬物得一以生」，乃至「侯王得一以為天下貞」。這樣崇尚古昔，所謂仁義、智慧、忠孝等，都是大道廢後的發展。古昔大道流行，人生沒有大過大善、大智大愚、大孝大慈等等分別。所以要「絕聖棄智」，使「民利百倍」。「絕仁棄義，使民復孝慈。」（十九章）古時沒有仁義、忠孝、智慧等名目，卻有其實；現在空有其名，卻是離實很遠。

《老子》的歷史哲學既然是一種尚古主義，它的生活方術便立在這基礎上頭。生活方術可以分為修己、治人兩方面。修己方面，《老

子》所主張的，如第十章所舉的「玄德」，乃至不爭、天尤（八章），任自然（十七章），尚柔弱（三十六、七十八章），不以身先天下（七章），知足、知止（四十四章）等都是。崇尚謙弱，在修己方面固然很容易瞭解，但在治人方面，有時免不了要發生矛盾。《老子》的歷史觀並不徹底，所以在治人的理論上也欠沉重。因為道是無為，故說「我無為而民自化」（五十七章），「聖人無為，故無敗」（六十四章）。一個統治天下的聖人需要無欲、得一（三十九章），「常使民無知」（三章）。此外還要排除名言，棄絕智慧。三十二章說：「道常無名，樸雖小，天下莫能臣也，侯王若能守之，萬物將自賓。」又二章說：「聖人處無為之事，行不言之教。」六十五章說：「民之難治以其智多。故以智治國，國之賊。不以智治國，國之福。」這些話說得容易，要做得成，卻是很難。我們說它的不沉重便在這裡。取天下與治天下便是欲望所在，也必得有所作為，這樣，道的本性所謂無欲無為從哪裡實現出來呢？若說「無為而無不為」，無不為說得通，無為便說不通了。治天下既不以仁義禮信，一切都在靜默中過活，如果這個便是無為，那麼守靜的守，致虛的致，抱一的抱，得一的得，乃絕仁棄義的絕的棄，算為不算呢？又，治天下即不能無所作為，保存生命即不能無欲。總而言之，《老子》的人生論在根本上不免與道相矛盾。這個明是講治術的法家硬把與他不相干的道家所主張的道論放在政治術裡所露出來的破綻。假如說《老子》裡所指的道應作兩面觀，一是超乎現象，混混沌沌的道，或根本道；一是從根本道所生，而存於萬物當中的道，或變易道，那麼這道的兩方面的關係如何，也不能找出。

人生的根本欲望是生的意志，如果修己治人要無欲無為，就不能

不否定人間，像佛教一樣，主張除滅意志和無生。現在書中找不出一句含有這種意義的句子。《老子》也含有中國思想的特性，每一說理便是解釋現實生活的直接問題，不但肯定人生，並且指示怎樣保持的方術。人的本性與道的本質的關係如何，《老子》一樣地沒有說明，甚至現出矛盾。如五十六章「知者不言，言者不知」，是書中最矛盾的一句話。知者和言者都是有為，不言可以說是無作為，不知卻不能說是無為。既然主張無為，行不言之教，為什麼還立個知者？既然棄知，瞎說一氣，豈不更妙！大概這兩句是當時流俗的謠諺，編《老子》的引來諷世的。《老子》中這類矛盾思想大抵都含著時代的背景。編者或撰者抱著反抗當時的文化、道德和政治。在那時候，人君以術臨民，人民以智巧相欺，越講道德仁義，人生越亂，於是感到教育無功，政治無效，智慧無利，言說無補。在文化史上，這種主張每出現於社會極亂的時代，是頹廢的、消極的。這種思想家，對於人生只理會它的腐敗的、惡的、破壞的和失敗的方面，甚至執持詭辯家或嬉笑怒罵的態度。他對於現實的不滿常缺乏革新的理想，常主張復古。這可以叫做黑暗時代哲學，或亂世哲學。

亂世哲學的中心思潮只能溢出兩條路，一是反抗既成的組織與已立的學說，二是信仰機械的或定命的生活。走這兩條路的結果，是返古主義與柔順主義。因為目前的制度、思想等，都被看為致亂的根由，任你怎樣創立新法，只會越弄越壞，倒不如回到太古的樸素生活好。又，無論你怎樣創制，也逃不了已定的命運，逃不了那最根本的法理或道。這思想的歸宿，對於前途定抱悲觀，對於自我定成為獨善主義甚至利己主義。在《老子》裡盡力地反對仁義孝慈，鼓吹反到古

初的大道。倫常的觀念一點也沒有，所以善惡的界限也不必分明。第二十章「善之與惡，相去若何？」便是善惡為無分別的口氣。在實際生活上，這是不成的，《老子》裡所說的道儘管玄妙，在實踐上免不了顯出的疏忽和矛盾的緣故即在這上頭。不講道德，不談制度，便來說取天下，結果非到說出自欺欺人的話不可。

《老子》的玄學也很支離，並不深妙。所說一生二，乃至生萬物，並未說明為什麼這樣生法。道因何而有？欲因何而生？「玄之又玄」是什麼意思？編纂者或作者都沒說明。我們到處可以看出書中回避深沉的思索和表示冥想及神祕的心態。佛家否定理智，卻常行超越理智的靜慮把達到無念無想的境地來做思維的目的。道家不但沒有這個，反要依賴理智去過生活。這樣，無論如何，談不到玄理，只能在常識的範圍裡說一兩句聰明話，什麼「嬰兒」、「赤子」、「侯王」、「芻狗」、「雄雌」、「玄牝之門」等等，都搬出來了。這樣的思想只能算是常識的思考，在思想程度上算不了什麼，因為它的根本精神只在說明怎樣過日子。如果硬要加個哲學的徽號，至多只能說是處世哲學罷了。

己 老子的論敵

在《老子》裡雖然沒有引出任何學派的書來加反駁，但從論調推測起來，可以知道它的論敵是儒家。反對儒家，在《老子》以前有楊墨之說，在《老子》裡還可以看出作者也和楊墨同在一條陣線上頭。最顯著的如主張不爭，是墨子的說法；使民至老死不相往來，是楊子為我的又一方面。

《老子》立「無言之教」，明是反抗《論語》、《孟子》的重教思想。《子路》：「既富矣，又何加焉？曰：教之。」「善人教民七年，亦可以即戎矣。」《滕文公上》：「人之有道也，飽食暖衣，逸居而無教，則近於禽獸。聖人有憂之，使契為司徒，教以人倫。」《論語》、《孟子》所說的道，如「吾道」（《里仁》），「堯舜之道」（《公孫丑下》、《離婁上》、《告子下》、《萬章上》），「先王之道」（《滕文公上》、《離婁上》），「聖人之道」《滕文公上》），「周公仲尼之道」（《滕文公上》），「古之道」（《離婁上》）等，都是指示人所立的道，人所建立便是教育。教育的目的在使人成為聖賢，最低也不會去做小人。所以成為賢人君子的條件便是仁、義、禮、智等等美德。《孟子》說：「仁之實，事親是也。義之實，從兄是也。」《老子》對於孝悌，反說「絕仁棄義，民復孝慈」。《孟子》以人有仁、義、禮、智的本性，這便是道。《老子》反對這說法，以為道失而後有仁、義、禮等等違道的教訓，《孟子》裡沒把禮樂連起來，在《老子》裡也沒有提出，它只反對仁義，因為禮樂的主張還是後起，到莊子便加以排斥了。儒家之所謂道就是《老子》的常道。《老子》所立的是超乎常道的道。儒家理想的完人是聖人。能夠設教安民，如堯舜禹湯文武周公孔子，都是聖人，《老子》在這一點上並沒十分反對，只注重在無為而治上頭而已。孟子的王道論也與《老子》的「取天下」的理想很相近，所差的只在不用仁義去取。

重教主義本與性善論自相矛盾。因為人性如果是善，就無須教，任它自然發展就夠了。孟子既然主張性善論，同時又要用仁義來教人，在《老子》的作者看來，實在是不徹底。尤其是像無仁義則與犬

牛無別，或逸居而無教則近於禽獸一類的見解，老子以為不必有。善既是自然本性，就無所謂仁義善惡，無須再教。太古時代，沒有善惡之分，仁義之教，人人都像嬰兒，卻不像禽獸。如果孟子只主張保持赤子之心，那便和《老子》反於嬰兒的見解相同。這便是不言之教，無為而民自化的理想。《老子》裡的聖人是不教，教只有越教越壞。有仁義便有詐偽，因為同是屬於人為，並不是本性。這樣講到極點，勢不能不主張絕聖棄智的嬰兒論。儒道的不同在前者以教化為聖人的作為，後者卻以一切人為的道德標準都足以戕賊善性。所以道家的性善論比孟子的更站得住。如果把儒道兩家的性善論分別說出來，或者可以名道家的為性本善論，儒家的是性稟善論。王充說：「孟子作《性善》之篇，以為人性皆善。及其不善，物亂之也。謂人生於天地，皆稟善性。長大與物交接著，放縱悖亂，不善日以生矣。若孟子之言，人幼小之時，無有不善也。[8]稟善論者以為人稟善性，但有染污的可能，一與物接，必當悖亂，故須以教化糾正它。這實與性惡論沒有什麼不同。本善論者以為善是本然，不須教化，自然而然地會好起來。鵠本來白，怎樣把它染黑了，至終還會返回原來的白；鴉本來黑，怎樣把它染白了，至終還是恢復原來的黑。人性善便是善，教化不能改移它，若把教化去掉就成功了。在《老子》以前，楊墨也排斥儒家，所以孟子也斥楊墨。道家排斥智慧，也是與法家同一陣線。戰國時諸家多以智為違背自然，「絕聖棄智」的理想因此瀰漫，故孟子排解智的緣故說：「所惡於智者，為其鑿也。」（《離婁下》）這正是指出道家的見解。

---

8 《論衡‧本性論》。

老子以後的道家

假使老聃是西曆紀元前四百年前後的人物，離他最近的後學應是關尹、楊朱和列子。關尹與楊朱和老聃特有關係，可惜他們的著作不傳，我們不能詳知他們的思想。《漢書・藝文志》載《關尹子》九篇的書名，但現存的《關尹子》乃是後人偽撰，並非原書。楊朱的思想只存於《列子・楊朱篇》，他的生平更無從知道。列子的著作，在《漢書・藝文志》有《列子》八篇，但現存的《列子》也不是原本。現在且從別的書上略把這三位的思想述說一下。

甲 關尹子

　　《史記・老子傳》載老子出關時，關尹問道，老子乃作《道德經》五千餘言，他或者是承傳老聃學說的第一代弟子。《呂氏春秋・不二篇》說老、關的學派，以老貴柔，關尹貴清。柔與清的區別，單憑一個字，無論如何不能找出。傳為劉向所上的《關尹子序》也沒將書中大意揭示出來，從「章首皆有關尹子曰四字」至「使人冷冷輕輕，不使人狂」數句，也不能得著什麼意思。《文獻通考》記此《序》不類劉向文字，恐怕關尹的著作早已佚了。我們從《莊子・天下篇》中可以窺見他的思想的一斑。

　　以本為精，以物為粗，以有積為不足，澹然獨與神明居。古之道術有在於是者，關尹老聃聞其風而悅之。建之以常無有，主之以太一。以濡弱謙下為表，以空虛不毀萬物為實。

　　關尹曰：在己無居，形物自著。其動若水，其靜若鏡，其應若響。芴乎若亡，寂乎若清。同焉者和，得焉者失。未嘗先人，而嘗隨人。

從這幾句看來，前面「以本為精，以物為粗」等句是老、關共主之說，「在己無居，形物自著」等句是關尹的特說。他們同在處世法上立論，而關尹則主以心不為外物所擾為歸。他的學說是清靜說。在《老子》裡也有主靜的文句（三十七章，五十七章），或者關尹是發揚這論點的人。

乙 楊子

楊子的生平更屬曖昧，現在只能從《列子》、《莊子》、《韓非子》等書窺見他的學說的大概。《列子·黃帝篇》記楊朱於沛受老聃的教。此外，《荀子》的《非十二子》、《解蔽》，《列子》的《周穆王》、《仲尼》、《力命》、《說符》諸篇，《莊子·天下》，《史記·太史公自序》都見楊朱的名字《呂氏春秋·審分覽·不二》有「陽生貴己」的評，《孟子》、《莊子》也往往有「楊墨」的稱呼。可見他的學說在戰國時代極普遍。《淮南子·氾論訓》說：「兼愛、尚賢、右鬼、非命，墨子之所立也，而楊子非之。全性保真，不以物累形，楊子之所立也，而孟子非之。」這話與孟子所記的意義相似。《楊朱篇》裡，禽滑釐與楊朱的論辯，也可以看出老、關思想與楊子的關係。文裡記著：

楊朱曰：伯成子高不以一毫利物，捨國而隱耕。大禹不以一身自利，一體偏枯。古之人損一毫利天下，不與也；悉天下奉一身，不取也。人人不損一毫，人人不利天下，天下治矣。

禽子問楊朱曰：去子體之一毛以濟一世，汝為之乎？

楊子曰：世固非一毛之所濟。

禽子曰：假濟，為之乎？

楊子弗應。

禽子出，語孟孫陽。孟孫陽曰：子不達夫子之心，吾請言之。有侵若肌膚獲萬金者，若為之乎？

曰：為之。

孟孫陽曰：有斷若一節得一國，子為之乎？

禽子默然有間。

孟孫陽曰：一毛微於肌膚，肌膚微於一節，省矣。然則積一毛以成肌膚，積肌膚以成一節，一毛固一體萬分中之一物，奈何輕之乎？

禽子曰：吾不能所以答子。然則以子之言問老聃、關尹，則子言當矣；以吾言問大禹、墨翟，則吾言當矣。

孟孫陽因顧與其徒說他事。

從這利己的論辯，禽子直把楊朱的見解列入老、關一流。他的思想，《孟子》評為「為我」，《呂覽》評為「貴己」，在《老子》裡，「名與身孰親？身與貨孰多？得與亡孰病？是故甚愛必大費，多藏必厚亡」（四十四章），「聖人自知不自見，自愛不自貴」（七十二章）等等文句都是楊子學說的淵源。人每以楊子為極端的縱欲主義者，但在《楊朱篇》裡找不出這樣的主張。從《淮南子‧氾論訓》「全性保真，不以物累形，楊子之所立也，而孟子非之」一句看來，楊子的學說只是保全性命而已。

楊朱所以主張保全性命，只因人生不樂，凡有造作，皆足以增加苦痛，不如任其自然更好。《楊朱篇》中揭示他的態度如下。

楊朱曰：百年之壽大齊，得百年者，千無一焉。設有一者，孩抱逮昏老，幾居其半矣；夜眠之所弭，晝覺之所遺，又幾居其半矣；痛疾哀苦，亡失憂懼，又幾居其半矣。量十數年之中，逌然而自得，亡介焉之慮者，亦亡一時之中爾。則人之生也奚為哉，奚樂哉？為美厚爾，為聲色爾。而美厚復不可常厭足，聲色不可常玩聞。乃復為刑賞之所禁勸，名法之所進退，遑遑爾競一時之虛譽，規死後之餘榮，偊偊爾慎耳目之觀聽，惜身意之是非，徒失當年之至樂，不能自肆於一時，重囚累梏何以異哉！

太古之人，知生之暫來，知死之暫往，故從心而動，不違自然，所好當身之娛，非所去也，故不為名所勸；從性而游，不逆萬物，所好死後之名，非所取也，故不為刑所及。名譽先後，年命多少，非所量也。

同篇又說：

孟孫陽問楊子曰：有人於此，貴生愛身，以蘄不死，可乎？

曰：理無不死？

以蘄久生，可乎？

曰：理無久生。生非貴之所能存，身非愛之所能厚。且久生奚為？五情好惡，古猶今也。四體安危，古猶今也。世事苦樂，古猶今也。變易治亂，古猶今也。既聞之矣，既見之矣，既更之矣，百年猶厭其多，況人生之苦也乎？

孟孫陽曰：若然，速亡愈於久生，則踐鋒刃、入湯火，得所志矣。

楊子曰：不然。既生則廢而任之，究其所欲，以俟於死。將死則

廢而任之，究其所之，以放於盡。無不廢，無不任，何遽遲速於其間乎？

生雖不樂，但故意去賊賊性命也不必。人能捨棄貪生好利、愛名羨位的心，便是一個至人。常人受這四事所驅使，所以弄得人生越來越壞。楊朱尤其反對儒家所立的仁義道德，以為那都是戕賊人類本性的教訓。天下之美皆歸於舜禹周孔，天下之惡皆歸於桀紂，但四聖生無一日之歡，二凶生有縱欲之樂，雖死後有不同的毀譽，究竟同歸於盡，自己一點也不知道。空有其名，於生無補。為人犧牲自己，不過是被名利等所引誘，實在不是人類本性，甚至變成一種虛偽的行為，為人生擾亂的原因。生民之所以不得休息，只在壽、名、位、貨。有這四事才會畏鬼、畏人、畏威、畏刑，因而失掉「天民」的樂趣。所以任自然以全生命，應是人生的理想。

楊朱曰：人肖天地之類，懷五常之性，有生之最靈者，人也。人者，爪牙不足以供守衛，肌膚不足以自捍禦，趨走不足以逃利害，無毛羽以禦寒暑，必將資物以為養，性任智而不恃力。故智之所貴，存我為貴；力之所賤，侵物為賤。然身非我有也，既生，不得不全之；物非我有也，既有，不得而去之，身固生之主，物亦養之主，雖全生身，不可有其身，雖不去物，不可有其物。有其物，有其身，是橫私天下之身，橫私天下之物，其唯聖人乎？公天下之身，公天下之物，其唯至人矣？此之謂至人者也。

楊朱是極端的歡樂主義者，其所謂樂是官能的，生盡，歡樂也盡，生死不能避，當聽其「自生自死」（《力命》），因為「理無不死」

的緣故，「生非貴之所能存，身非愛之所能厚」，故當於生時盡其歡，榮辱富貴禮義，都要捨棄。這些都是使人不歡的。「生民之不得休息，為四事故：一為壽，二為名，三為位，四為貨。有此四者，畏鬼、畏人、畏威、畏刑，此之謂遁人也。可殺可活，制命在外。不逆命，何羨壽？不矜貴，何羨名？不要勢，何羨位？不貪富，何羨貨？此之謂順民也。」楊朱這種思想已改變了道家節欲養生的態度。一般道家以為任官能的欲求，適足以傷生，而他卻無顧忌，視生死為不足輕重。保存生命是不得已的事，一切享受只求「從心而動，不違自然」、「從性而游，不逆萬物」便可以。

楊子以後，附和他的學說的很多，走極端的，便流入放縱色食自暴自棄的途徑。《荀子・非十二子篇》中所舉的它囂、魏牟，恐怕是楊朱一派的道家。它囂的為人不可考。魏牟為魏公子，西元前三四三年，魏克中山，以其地封他。他的著作《公子牟》四篇，《漢書・藝文志》列入道家，今已不傳。《列子・仲尼篇》記他對樂正子輿為公孫龍辯解。《莊子・讓王篇》記他與瞻子的問答，但也不能詳知他的思想。《讓王篇》記：

中山公子牟謂瞻子曰：身在江海之上，心居乎魏闕之下，奈何？
瞻子曰：重生。重生則輕利。
中山公子牟曰：雖知之未能勝也。
瞻子曰：不能自勝，則從神無惡乎。不能自勝，而強不從者，此之謂重傷。重傷之人，無壽類矣。

這一段話也出於《呂氏春秋・審為篇》，可以參照。我們從文

裡，知道公子牟有隱遁之願而不能絕利祿之情。瞻子或即瞻何，其生平也不明，或者也是楊朱的同論者。

丙 列子

　　列子是與鄭繆公同時的人，比老子稍後，年代大約也在西曆紀元前四百年左右。他的事蹟也不詳明。《呂氏春秋·季秋紀·審己篇》記他曾受關尹的教示。而《莊子》裡所記的事都不盡可靠，寧可看為寓言，《漢書·藝文志》道家之部有《列子》八卷，現在的傳本恐怕不是原書，在《天瑞》中子列子言太易、太初、太始、太素一節，明是從《易緯·乾鑿度》引出。這些名詞，除太易外，都是道家的術語。太初或泰初見於《莊子》的《天地》、《知北遊》、《列禦寇》諸篇。太素見於《淮南子》的《原道訓》、《俶真訓》、《覽冥訓》、《精神訓》等篇。太易是《易緯》所獨有。《易緯》是王莽時代的書，而《易》與道家思想結合，在魏晉間極其流行，《湯問篇》記「火浣之布」及蓬萊三山外的岱輿、員嶠二山。火浣布初見於魏文帝的《典論》。《史記》雖載蓬萊，但沒記其事蹟。晉王嘉《拾遺記》所列三山，與《列子》同；書中也記岱輿、員嶠二山。《湯問篇》的仙山恐怕是鈔襲《拾遺記》的。仙鄉的記載，晉代很多。《周穆王篇》的化人或者是從《穆天子傳》申引出來。《穆天子傳》相傳是在汲冢發現的，《仲尼篇》有「西方之人有聖者」，也許是指佛而言。可知今本《列子》有許多部分是從漢到晉羼入的。在漢時，《列子》傳本已有五種。《列子》序錄裡說：「劉向校中書《列子》五篇，與長社尉臣參校讎太常書三篇，太史書四篇，臣向書六篇，臣參書二篇，內外書

凡二十篇。以校除復重十二篇，定著八篇，《天瑞》至《說符》。」
現存本八篇名目或者仍漢代參校諸本後所定之舊，而其內容多為後世
的偽撰。

　　現存《列子》八篇，與戰國以後的著作很有關係，除《老子》以
外，最主要的為《莊子》、《呂氏春秋》、《韓非子》、《淮南子》。壺
丘子林與伯昏瞀人同列子的問答，在《列子》裡很多見。列子與壺丘
子林的關係見於《莊子·應帝王》、《淮南·精神訓》及《繆稱訓》。
《呂覽·下賢篇》有壺丘子林的名字。伯昏瞀人與列子的對答見於
《莊子·田子方》及《列禦寇》，《德充符》也提出他的名字。《莊子》
的文句見於《列子》的很多，如《天瑞》有《至樂》、《知北遊》的
文句，《黃帝》有《逍遙遊》、《達生》、《田子方》、《應帝王》、《列
禦寇》、《寓言》、《山木》、《齊物論》的章節。《周穆王篇》中夢與
覺的論辯是從《齊物論》的一節發展出來。《湯問》的冥靈、大椿、
鯤鵬等，出於《逍遙遊》；黃帝與容成子居空同之上，是脫胎於《在
宥》廣成子的放事。《列子》取《呂氏春秋》的文句，如《黃帝篇》
中海上之人好漚鳥，《說符篇》中白公與孔子的問答，都從《審應
覽·精諭》引出；牛缺的故事是從《孝行覽·必己》而來。《說符篇》
中楊朱的話出於《韓非子·說林篇》下。又如《湯問》的共工與女媧
的談話出自《淮南子·覽冥訓》與《天文訓》；《說符》的黑牛生白
犢故事見於《人間訓》，此外，《道應訓》的文句很多見於《列子》。
與《列子》有關係的《莊子》、《呂氏春秋》、《韓非子》、《淮南子》
除幾篇原作外，其餘多是漢人作品，在文法上與《荀子》、《韓詩外
傳》、《大小戴禮記》、《說苑》諸書相同。故知《列子》中有許多部

分是漢人所加。《天瑞》、《黃帝》二篇或者保存原本的文句最多，因為這兩篇的文法比其餘六篇較為古奧。列子或者是傳楚國的道家思想的，有些文句可以當作《老子》的解釋看。

《呂氏春秋·不二篇》說「列子貴虛」，在思想方面比老子的貴柔已較進步。在《天瑞篇》記列子的貴虛論，說：

或謂子列子曰：子奚貴虛？

列子曰：虛者，無貴也。

子列子曰：非其名也，莫如靜，莫如虛。靜也，虛也，得其居矣；取也，與也，失其所矣。事之破礦，而後有舞仁義者，弗能復也。

粥熊曰：運轉亡已，天地密移，疇覺之哉？故物損於彼者盈於此，成於此者虧於彼。損盈成虧，隨生隨死，往來相接，間不可省，疇覺之哉？凡一氣不頓盡，一形不頓虧，亦不覺其成。不覺其成，不覺其虧，亦如人自生至老，貌色智態，亡日不異，皮膚爪髮，隨生隨落，非嬰孩時有停而不易也，間不可覺，俟至後知。

所謂虛是不患得，不患失，任自然轉移，虛靜以處，於是非利害，不為所動。天地密移，雖有損盈成虧，人處其中，毫不覺知。假如杞人憂天地崩墜，身無所寄，因而廢寢忘食；又因人言其不壞，復捨然而喜，這都是不能參得虛字的意義。要到覺得天地壞與不壞的心識不存在我心，那才講得上虛靜。虛便是不覺得，與佛教的覺恰是相反。這「虛」字，在《老子》（十六章）裡也說：「致虛極，守靜篤，萬物並作，吾以觀復。」要虛靜才能無嗜欲，不知樂生，不知惡死，

不知親已，不知疏物，無愛憎，無利害。《黃帝篇》的故事便是這種思想的闡明。

　　《列子》裡對於天地的生成，已有明說。《天瑞篇》說有太易、太初、太始、太素。太易為未見氣，太初為氣之始，太始為形之始，太素為質之始。具氣形質而未根離，名曰渾淪。易是「視之不見，聽之不聞，循之不得」的存在體。由此變而為一，從一至九，復變為一，是為形始，清輕者上為天，濁重者下為地。易或者是漢以後的人依《易緯》改的，在《列子》他篇不見有易的意思，但《湯問》裡的「無極」與太易的意義很相近，武內先生以為「易」即《老子》第十四章的「夷」，夷、易古字通用。總之《列子》對於宇宙生成的見解是屬於戰國末年流行的說法，不必是創見。

第四章

道家最初的派别

自老聃、關尹以後，道家思想瀰漫天下，楊朱、列禦寇、魏牟各立一說，於是道家漸次分為兩派。依武內先生的說法，第一是關尹、列子的靜虛派，第二是楊朱、魏牟的全性派。靜虛派主張人當捨自己的欲望，斷絕知慮，順著天賦的真性來生活。全性派以為情欲乃人類的本性，當捨棄的間的名利，放縱本能的情欲。前一派可以說是消極的道家，為田駢、慎到所承傳。後者為積極的道家，莊周的學說從這派發展而來。

　　齊威王、宣王在位的時代，自西曆紀元前三五七年至前三〇一年，五十七年間，齊的都城為中國文化的中心。當時的齊都即今山東臨淄，城周五十里，闢十三門，其南門名為稷門。因為威宣二王禮聘四方學者，於是天下人物都聚於臨淄。鄒人孟柯，楚人環淵，趙人慎到，宋人宋鈃，是外國學者中受特別優待的人物。他們受王金錢及邸宅的厚賜，地位等於上大夫。還有齊國本地的學者，如三位鄒子、淳于髡、田駢、接子等，也聚於齊都。淳于髡是仰慕晏嬰的學者，見梁惠王，一語連三晝夜無倦。惠王要留他，待以卿相之位，辭不受。三鄒即鄒忌、鄒衍、鄒奭。《史記·孟子荀卿列傳》載「齊有三鄒子。其前鄒忌，以鼓琴干威王，因及國政，封為成侯，而受相印，先孟子。其次鄒衍，後孟子。」鄒衍是宣王時人，唱五行說，傾倒一時。鄒奭稍後，採鄒衍之術以紀文，頗為齊王所嘉許。這幾位都是齊人所稱許，當時有「談天衍，雕龍奭，炙轂過髡」的頌。對於田駢、接子，當時也號為「天口接田」。在這班人以後還有齊襄王時的荀子。當時他們的邸宅多在稷門之下，所以齊人稱他們為「稷下先生」。

　　在稷下著書的學者，我們從《史記》、《漢書》裡還留著些名字。

其中與道家思想有關的，如環淵、接子、慎到、田駢，和後世假托的《管子》及《太公書》。環淵為老子弟子，從楚至齊，為輸道家思想入齊的第一人。他的學說已不可考，《史記索隱》說：「環淵、接子，古著書人之稱號也。」《史記‧孟子荀卿列傳》慎到傳下說：「環淵著上下篇。」《漢書》作《蜎子》十三篇。蜎子就是環淵。接子的著述也失傳，《史記正義》記「《接子》二篇，《田子》二十五篇」，《漢書》同，記「《田子》二十五篇，《接子》二篇」。《史記》記「慎到著《十二編》」，《漢書》有《慎子》四十二篇的名目，《隋》、《唐志》有滕輔注的十卷本。後來連十卷本也不傳，從《群書治要》錄出七篇。馬聰《意林》錄《慎子》佚句十三條，宋以後，只餘五篇殘本。田駢的書今亦不傳。鄒衍的五行說到戰國末年各派也染了它的色彩，在道家思想上最為重要，當於說莊子以後略論一下。

甲 彭蒙、田駢、慎到的靜虛派

在舊籍裡，彭蒙、田駢、慎到三個人常並提起。彭蒙的思想如何，已不可考。《莊子‧天下篇》引彭蒙之師的話：「古之道人至於莫之是、莫之非而已矣。」看來，他所師承的是淵源於列子。田駢、慎到的學說也不外是從貴虛說演出來的齊物棄知說。《呂氏春秋‧不二篇》說「陳駢貴齊」，是知齊物論為田子所特重。齊物論的大旨是「齊死生，等古今」。以為古今生死乃是大道連續的運行，本不足顧慮，所以對此能夠不動情感，不生執著的便是見道的人。慎到的學說是從棄知著眼。《莊子‧天下篇》介紹他和彭蒙、田駢的思想說：「公而不黨，易而無私，決然無主，趣物而不兩，不顧於慮，不謀於知，

於物無擇，與之俱往。古之道術有在於是者，彭蒙、田駢、慎到聞其風而悅之。齊萬物以為首，曰：『天能覆之，而不能載之；地能載之，而不能覆之；大道能包之，而不能辯之。』萬物皆有所可，有所不可。故曰：『選則不遍，教則不至，道則無遺者矣。』是故慎到棄知去己，而緣不得已。泠汰於物，以為道理。曰：『知不知，將薄知而後鄰傷之者也。』謑髁無任，而笑天下之尚賢也。縱脫無形，而非天下之大聖。椎拍輐斷，與物宛轉；捨是與非，苟可以免；不師知慮，不知前後，魏然而已矣。推而後行，曳而後往，若飄風之還，若羽之旋，若磨石之隧，全而無非，動靜無過，未嘗有罪。是何故？夫無知之物，無建己之患，無用知之累，動靜不離於理，是以終身無譽。故曰：『至於若無知之物而已，無用賢聖，夫塊不失道。』豪傑相與笑之曰：『慎到之道，非生人之行，而至死人之理。適得怪焉。』田駢亦然，學於彭蒙，得不教焉。」

彭蒙、田駢、慎到，都以為萬物平等，各有所長短，若以人的知慮來評衡，那便違道了。故自身應當絕慮棄知，等觀萬物，無是非，無進退。假如有進退往還，亦當如飄風，如羽毛，如磨石，純是被動，能任自然而後可。知慮於生活上無用，所以不必力求，由此可見天下之尚賢為可笑。墨子的尚賢論也當排斥。從這理論發展出來，人間一切若得其法，雖然沒有賢智的人來指導也可以治理，結果，只要有了固定的法則，天下便治了。慎到被歸入刑名家就是這個緣故。《荀子・解蔽篇》說：「慎子蔽於法而不知賢。」有法無賢，是稷下道家的一派。這種對於法的全能的態度是道家一派轉移到法家的樞紐。又，《荀子・天論》說：「慎子有見於後無見於先。」先後也是

從《老子》的「聖人後其身」及「不敢為天下先」的意義而來。《呂覽·執一篇》述田駢對齊王說：「臣之言無政而可以得政，譬之若林木無材而可以得材。」也是《老子》「無狀之狀，無物之象」的意思。可見法家與道家的關係。

還有從齊物思想引出農家一流的實行運動。這派假託神農之言，主張從事農業，自己生產，自己生活。社會分業是不對的，納賦稅給人君是不對的，物價有貴賤，交易用斗衡，都不對。社會無論是誰都要工作，齊貴賤，同物價，泯善惡，一味以歸到自給自養，君臣並耕底境地為極則。關於這派的學說現已不存，《漢書·藝文志》有《神農》二十篇為戰國時代的著作，而作者不詳。《孟子·滕文公》出許行的名字，想當時這派的宣傳很用力，《神農》書也許是他們所用的聖典。因為許行不主張社會分業，與儒家的王道思想不合，所以受孟子排斥。但《孟子》裡沒細說許行的思想，我們到的不知道他主張用什麼方法才能達到目的。大體說來，不外是道家的齊物思想的具體化吧。《呂氏春秋·審為篇》記「神農之教曰：士有當年而不耕者，則天下或受其飢矣。女有當年而不績者，則天下或受其寒矣。故身親耕，妻親織，所以見致民利也。」這也許是戰國時的農家所奉的經句。社會組織越嚴密，人必不能不分工，齊物主義的不能實行，乃意中事。齊物主義是教人再反到自然去過禽獸式的生活，雖然實現，未必是人生之福。

乙 假託管子所立的法治派

《管子》八十六篇相傳為管仲所作。劉向序說：「所校讎中《管

子書》三百八十九篇，太中大夫卜圭書二十七篇，臣富參書四十一篇，射聲校尉立書十一篇，太史書九十六篇，凡中外書五百六十四，以校除復重四百八十四篇，定著八十六篇。」漢內府所藏篇教最多，依定本八十六篇算，其中重複篇數，總在四倍左右。現存《管子》分為《經言》、《外言》、《內言》、《短語》、《區言》、《雜篇》、《管子解》、《管子輕重》八部，《內言》亡《王言》、《謀失》兩篇，《短語》亡《正言》一篇，《雜篇》亡《言昭》、《修身》、《問霸》三篇，《管子解》亡《牧民解》一篇，《管子輕重》亡《問乘馬》、《輕重丙》、《輕重庚》三篇，計亡失十篇。書中最古部分為《輕言》，但其中的文句有些屬於很晚的時代，從思想內容看來，不能看出是齊宣王以前的作品。並且書中的思想很複雜，新舊材料互混，看來不是出於一人的手筆。大概是稷下先生假託管仲的名字以自尊，而思想上主要的派別屬於道家與法家。故《漢書‧藝文志》列入道家，《隋》、《唐志》列入法家。諸篇中最顯出道家思想的是《心術》上下篇及《白心》、《內業》二篇。《內業》解道的意義，《心術》、《白心》說依道以正名備法。這幾篇恐怕是稷下的道家所傳誦的道經。在《心術》上篇中可以看出由道轉移為法的傾向。如說：「虛無無形謂之道。化育萬物謂之德。君臣父子人間之事謂之義。登降揖讓，貴賤有等，親疏之體謂之禮。簡物小未一道，殺僇禁誅，謂之法。」在另一段又說：「天之道虛其無形。虛則不屈，無形則無所位迕。無所位迕，故遍流萬物而不變。德者道之捨，物得以生。生得以職道之精。故德者得也。得也者，其謂所得以然也。以無為之謂道，捨之之謂德，故道之與德無間，故言之者不別也。間之理者，謂其所以捨也。義者，謂各處其宜也。禮以因人之情，緣義之理，而為之節文者也。故禮者，謂有理

也。理也者，明分以論義之意也。故禮出乎義，義出乎理，理因乎宜者也。法者，所以同出，不得不然者也。故殺僇禁誅以一之也。故事督乎法，法出乎權，權出乎道，道也者，動不見其形，施不見其德，萬物皆以得，然莫知其極。」這是明禮義理法皆出於道德，而此道德同體無間，其所以不同只在所捨及所以捨而已《老子》以為「失道而後德」，這裡說道德無間，語辭上雖然有點不同，但終極的原則仍是道。「法出乎權，權出乎道」，這道是天地之道，不會有過失的，所以底下說：「天之道虛，地之道靜。虛則不屈，靜則不變。不變則無過。」

　　法本從道出，所以至公無私。君子能抱持這一道以治天下便不至於喪失天下。《心術下》說：「是故聖人若天然，無私覆也；若地然，無私載也。私者，亂天下者也。凡物載名而來，聖人因而財之，而天下治；實不傷不亂於天下，而天下治。專於意，一於心，耳目端，知遠之證。能專乎？能一乎？能毋卜筮而知凶吉乎？能止乎？能已乎？能毋問於人而自得之於己乎？故曰，思之。思之不得，鬼神教之。非鬼神之力也，其精氣之極也。」這一段與《莊子‧庚桑楚》所出老子之言很相近，想是當時流傳的道家言。人能得道，一切都可行，知巧也可以捨棄。《白心篇》說：「孰能棄名與功而還與眾人同？孰能棄功與名而還反無成？」又說：「孰能去辯與巧而還與眾人同道？故曰思索精者明益衰；德行修者王道狹；臥名利者寫生危；知周於六合之內者，吾知生之有為阻也。」因為「道之大如天，其廣如地，其重如石，其輕如羽」，所以很容易得，容易用。在同篇裡說：「道者，一人用之，不聞有餘，天下行之，不聞不足，此謂道矣。小取焉則小得

福；大取焉則大得福；盡行之而天下服；殊無取焉，則民反其身不免於賊。」捨一切以求道，就不至於滿，不至於滅亡，而達到虛靜的地位。雖然，道是不可摸捉的，為政者既捨知巧，就不得不正名備法，所以說：「建當立有，以靖為宗，以時為寶，以政為儀，和則能久。」[1]建設當立在適當與有上頭，雖仍以靖為宗，而時與政卻是實在的施設。注說：「建事非時，雖盡善不成。時為事寶也。政者，所以節制其事，故為儀。」實際的政事是時間與手段的運用。運用得當，天下便治了。所以說，「非吾儀，雖利不為；非吾當，雖利不行；非吾道，雖利不取。上之隨天，其次隨人。人不倡不和，天不始不隨，故其言也不廢，其事也不隨。原始計實，本其所生；知其象而索其形；緣其理而知其情；索其端而知其名。故苞物眾者，莫大於天地；化物多者，莫多於日月；民之所急，莫急於水火。然而天不為一物枉其時；明君聖人亦不為一人枉其法。天行其所行，而萬物被其利；聖人亦行其所行，而百姓被其利；是故萬物均，既誇眾矣。是以聖人之冶也，靜身以待之，物至而名自治之，正名自治之奇，身名廢。名正法備，則聖人無事。」這尚法正名的思想與慎到的主張相同。總之，棄嗜欲知巧，恬愉無為，正名備法，是稷下道家因倡齊物的論調，進而主張絕聖棄知，專任名法的結果。

丙 假託太公的陰謀派

法治思想發達，便要想到怎樣使人君能保守天下，和怎樣使人民不變亂的問題。能解決這問題才能為人謀國。因此從道家分出來的陰

---

1 《管子校正》（戴望）「建當立……以政為儀」校正說，「王云『當』當為常，『有』當為首，皆字之誤也。建常立首為句，以靖為宗為句。首即道也。道字古讀若首，故與實久為均。」十三，八頁。靖同靜，政同正。

謀家便應運而起。當時稷下有些道家講用兵行政的方法都假託太公之言。太公望是齊的始祖，《史記‧齊世家》說：「周西伯昌之脫羑里，歸與呂尚陰謀修德以傾商政。其事多兵權與奇計，故後世之言兵及周之陰權皆宗太公為本謀。」想當時必有一種託為太公所造的兵書及陰謀書，《漢書‧藝文志》道家書籍中有《太公》二百三十七篇，其中《謀》八十一篇，《言》七十一篇，《兵》八十五篇，注裡明說篇中有些是後世為「太公術」者所增加。梁阮孝緒《七錄》有《太公陰謀》六卷，《太公雜兵書》六卷，這恐怕是《太公書》中《謀》與《兵》的殘本。現在完本固然不存，即如殘本也不能見。現存的《陰符經》和《六韜》也是後人偽撰，不足憑為戰國時代的陰謀家言。《史記‧蘇秦傳》說秦周遊列國，歸家後，閉居不出，讀《周書》《陰符》，期年，乃作《揣摩》。《揣摩》見於《鬼谷子》，《正統道藏》本列人第七、第八篇。《史記》載鬼谷子為蘇秦、張儀的師父，但劉向、班固所錄書中沒有《鬼谷子》，《隋志》始列《鬼谷子》三卷，或者是《漢志》縱橫家《蘇子》三十一篇的殘本。今本《鬼谷子》或者有一部分是戰國時代習太公術者的聖典，自《裨闔》至《符言》十二篇筆法略同，或者是講太公術的較古材料。《本經陰符》七篇乃附加的部分。陰謀家的主張可以從《鬼谷子‧符言篇》得著大體的意思，或者那便是當時所傳《太公陰謀》的訣語。《符言》裡的脫誤處很多，注解也是望文生義，不容易讀得通。現在依《管子‧雜篇‧九守》可校對出其中的大意。

安徐正靜，柔節先定；善與而不爭，虛心平意，以待損傾。右主位

柔節先定，《符言》作「其被節無不肉」，欠解。「靜」應作「爭」，「傾損」似應與靜、定爭為韻，故改作「損傾」。「有主位」之「有」，應作「右」，下仿此。

目貴明，耳貴聰，心貴智。以天下之目視者，則無不見；以天下之耳聽者，則無不聞；以天下之心慮者，則無不知。輻湊並進，則明不可塞。右主明

德之術，曰：勿望而拒之，勿望而許之。許之則失守，拒之則閉塞。高山仰之可極，深淵度之可測，神明之位術正靜，其莫之極歟？右主德

「德」，《九守》作「聽」。「堅」依《九守》改為「望」，補「勿望而許之」一句。以上三節與《六韜·大禮第四》相同。

用賞貴信，用刑貴正。貴賜賞信，必驗耳目之所見聞。其所不見聞者，莫不暗化矣。誠暢於天下神明，而況奸者干君？右主賞

末句《九守》作「誠暢乎天地，通於神明，見奸偽也」。注：「既暢天地，通神明，故有奸偽必能見之。」此節與《六韜·賞罰第十一》意義相同。

一曰天之，二曰地之，三曰人之，四方上下，左右前後，熒惑之處安在？右主問

心為九竅之治，君為五官之長。為善者，君與之賞；為非者，君與之罰。君因其政之所以，求因與之，則不勞。聖人用之，故賞之。因之循理，故能長久。右主因

《九奪》作「心不為九竅，九竅冶；君不為五官，五官冶。……君因其所以來，因而予之，則不勞矣。聖人因之，故能掌之。因之修理，故能長久」。

人主不可不周。人主不周，則群臣生亂。寂乎其無端也，內外不通，安知所怨？關閉不開，善否無原。右主周

「寂乎其無端」以下原作「家於其無常也，內外不通，安知所開？開閉不善，不見原也」。意晦，今依《九守》改正。

一曰長目，二曰飛耳，三曰樹明。明知千里之外，隱微之中，是謂洞天下奸暗。洞天下奸暗則莫不變更矣。右主恭

「明知千里之外」以下原作「千里之外，隱微之中，是謂洞天下奸，莫不暗變更」。今參校《九守》擬改。

循名而為實，按實而定名。名實相生，反相為情。故曰：名實當則治，不當則亂。名生於實，實生於理，理生於名實之德，德生於知，知生於當。右主名

原作「循名而為實，安而完，……故曰：名當則生於實……德生於和，和生於當」。意義未妥，今依《九守》校改。

從《九守》、《符言》和《六韜》相同的部分可以推得稷下當時所傳的太公術的大概。蘇秦、張儀諸人遊說諸侯時所用的語訣也不外乎此。所謂《符言》或者是《太公陰符》的節錄。《符言》前三節以靜為為政的體，四節以下以刑賞名法為為政的用。這也是從靜虛派道

家的棄知任法流衍下來的刑名法家思想。

丁 莊子一流的全性派

自稷下道家由靜虛主義分為齊物與棄知兩端，影響到法家與農家的實行。關尹、列子的思想可以說發達到極點。因為法、農自成派別，不是道家正傳，到莊子出世，才把道統接下去。但莊周的道統是承接楊朱、魏牟的，其學說以保全天賦的真性為主，從《莊子》裡還可以知其大意。

子 莊子

《史記》莊子的傳很簡略。《莊子》所出莊周的事蹟多為後人所加，不能盡信，《傳》說他是「蒙」人，到底是宋的蒙抑是楚的蒙，學者中間有不同的意見。劉向《別錄》和《呂氏春秋・必己篇》都說他是宋的蒙人。《太平寰宇記》載：「楚有蒙縣，俗謂之小蒙城也，莊周之本邑。」閻若璩據《史記正義》「周嘗為蒙漆園吏」句下引《括地志》說：「漆園故城在曹州冤句縣北十七里。」以為冤句城在今曹州西南，其地春秋時屬於曹國。魯哀公八年，宋景公滅曹，其地遂屬於宋。蒙城在今河南商邱縣南二十里，莊子時屬於宋，後並於楚，漢朝隸於梁國。因此有宋人、梁人、楚人的異說。依莊子的年代，最正當的是以他為宋人。《史記》記莊子與梁惠王、齊宣王同時，但這正是孟子遊說梁、齊的時侯，同住在一個地方，為什麼孟子一句也沒提到？《史記》裡又記莊周拒楚威王的聘，這段事情，《莊子・秋水篇》

及《列禦寇篇》都出現，不過文句不同而已。依《六國年表》，梁惠王、齊宣王都與楚威王同時，或者孟子在梁、齊時，莊子在宋的本邑，所以他們兩人沒會過面。《史記》又說他「善屬書離辭，指事類情，用剽剝儒墨，雖當世宿學，不能自解免也。其言洸洋自恣以適己，故自王公大人不能器之」。從這一段也可以推想孟子沒有提到莊周的原故。第一，莊周很會做文章來攻擊儒墨，雖當世宿學也不能自解免。孟子是不得已而後辯的人，莊周若不在齊梁的闕下向他挑戰，他也樂得避免。第二，他的學問既為王公大人所不器重，自然在廟堂上沒人提起，也不會被孟子一流人物所注意。因此莊孟二人雖然同時，卻沒有什麼關係。還有一個假定，是莊周活動的時期比孟子稍後幾十年。《初學記》引《韓詩外傳》說楚襄王遣使持金千斤欲聘莊子為相，莊子固辭不許，《文選》卷三十一注與《太平御覽》卷四百七十四所引略同。這樣看來，聘莊子的乃是楚襄王了。襄王即頃襄王，即位於威王歿後三十年，時代自西紀元前二百九十八年至前二百六十三年，《史記》與《韓詩外傳》的記事，莊周的年代，相差三四十年。如果《莊子‧說劍篇》與《秋水篇》所記莊子與趙太子悝的關係和同梁相惠施會見的事情靠得住，莊子應是頃襄王時代的人物。趙太子悝的父趙文王即惠文王，與頃襄王同時。《徐無鬼篇》又記莊周詣惠施之墓，惠施死，當在梁襄王十三年（西紀前三〇六年）後，其時也與楚頃襄王相差不遠。

莊子的事蹟，如《齊物論》的夢，《至樂》的與騰樓對答，《山木》的異鵲，都是寓言。《知北遊》的東郭子，《則陽》的長梧封人，都是假託的人物。《逍遙遊》、《德充符》、《秋水》、《至樂》、《徐無

鬼》、《外物》、《寓言》諸篇都記與惠子對話。此中也不盡是史實，如《德充符》中對惠子說「子以堅白鳴」，明是時代錯誤，想是莊子之徒為壓服公孫龍一派的辯者而作。又，《田子方》記莊子與魯哀公會談，主題為儒服。這明是造作的事實，哀公當於孔子末年，而儒服問題，起於戰國末及漢初，哀公絕無提前討論之理。《秋水》的許由為隱士時代的產物，也當屬於戰國末期。所以《莊子》裡，關於莊周的事蹟，多不足信。

丑 莊子的著作

現存《莊子》三十三篇乃晉以後的本子。《莊子》在《漢書·藝文志》裡記五十二篇，唐陸德明《經典釋文》的《敘錄》說晉議郎崔譔刪定五十二篇，注二十七篇。晉向秀依崔譔注本作新注，郭象又竊向秀注，增《天道》、《刻意》、《田子方》、《讓王》、《說劍》、《漁父》六篇，為三十三篇，因為經過幾次刪定，《莊子》的本來面目便難以分辨。《史記》說《莊子》「作《漁父》、《盜跖》、《胠篋》，以詆訿孔子之徒，以明老子之術」。又說他著書十餘萬言，大都是寓言。《漁父》、《盜跖》現在《雜篇》中，《胠篋》在《外篇》中，然而是否原作，也屬疑問。現在把《莊子》三十三篇檢閱一下，便知道這書不是出於一人之手，並且不是一個時代所做成。

在《莊子》裡所出思想矛盾的地方很多。如《胠篋》的「攘棄仁義，而天下之德始玄同矣」，與《天地》的「至德之世，不尚賢，不使能，上如標枝，民如野鹿，端正而不知以為義，相愛而不知以為

仁，實而不知以為忠，當而不知以為信」的仁義忠信實相反。《天道》又說「古之明大道者，先明天，而道德歡之。道德已明，而仁義次之」。在《天運》裡卻說「古之至人假道於仁，記宿於義，以遊逍遙之虛」。這又是承認仁義在某種程度可以存在。《天地》的「至德之世不尚賢」，與《天地》的「行事尚賢，大道之序」互相矛盾。對於孔子，在《盜跖》裡極力詆毀，在《人間世》、《天運》、《漁父》、《列禦寇》裡卻又恭維幾句。《天道》裡讚美舜的無為，在《駢拇》卻又排斥他。《大宗師》、《知北遊》諸篇讚黃帝通大道，《在宥》卻又說他「始以仁義攖人之心」。《齊物論》、《大宗師》、《天地》、《刻意》、《馬蹄》、《胠篋》諸篇的「聖人」為得道家之道者的稱呼，在《在宥》、《天運》、《知北遊》卻是指毀道德亂天下的儒家聖人而言。《養生主》、《人間世》、《達生》諸篇講養生長壽之道，《大宗師》卻講齊生死，《至樂》甚至有卑生尊死的思想。以上不過舉其大端，至於文辭上，表現的方法與思想的混雜，讀者隨時都可感覺出來。

在《莊子》中有些是從一篇的意思發展出來的。如《秋水》、《庚桑楚》、《徐無鬼》、《寓言》，乃採取《齊物論》的思想而成。《刻意》取《天道》篇首的一部分。《盜跖》與《胠篋》的意思相同。《外物》所出老萊子之言是從《大宗師》的一部分取出。《庚桑楚》取材於《大宗師》和《齊物論》。《漁父》也與《人間世》的楚狂接輿故事有關係。《天下篇》的首段與《知北遊》中東郭子問「道惡乎在」一段也有因緣。當時或者有一種底本，因口口相傳，時代與地域不同，便產出許多不同的篇章。還有許多流行的故事，後世編《莊子》的也把它們列入，如《齊物論》的蝴蝶故事，《應帝王》的渾沌，都可以看為

竄入的章節。編者甚至未注意到莊子學說的一貫，將不相干的故事加在裡頭，如《養生主》講老聃的死，與全篇似乎沒有關係。又如《大宗師》末段說顏回忘仁義禮樂，這顯與《駢拇》、《馬蹄》諸篇所說有關，但與前頭所記堯與許由的故事比較一下，態度卻又不同了。《齊物論》中齧缺與王倪的問答，在全體上頗覺混亂。《達生》與《至樂》，《山木》與《達生》都現重複的文義。這樣，《莊子》並非一人的著述，乃是後人增改過的。

現在《莊子》是從戰國到漢的著作。《逍遙遊》、《齊物論》、《德充符》、《駢拇》、《胠篋》、《天地》、《天道》、《至樂》諸篇，有堅白之辯或辯者之辯，或是成於公孫龍的時代。公孫龍，《史記·平原君傳》說他與平原君同時，是西曆紀元前三世紀前半葉的人物。《齊物論》、《大宗師》、《在宥》、《天地》、《至樂》、《知北遊》等有黃帝的名，以他為修道者。黃帝為古帝王的說法也出於戰國末年。在《大宗師》裡說黃帝得道以登雲天；西王母得道，坐乎少廣，莫知其始終；彭祖得道上及有虞，下及五伯；《天地》有「上仙」的名：都是神仙說盛行後的說法，當是漢代的思想。《天運》有「三皇五帝」的稱謂，這也不能早於《呂氏春秋》。又，《在宥》裡記廣成子之言，「得吾道者，上為皇而下為王」；《胠篋》記「田成一旦殺齊君而盜其國，十二世有齊國」；《大宗師》、《駢拇》、《馬蹄》，連稱仁義與禮樂；《天道》說孔子兼愛無私，皇王的分別，田氏滅齊，荀子的仁義禮樂學說，儒思的混同，都是戰國末年的事情。孟子的仁義禮智說，漢儒加信為五端，[2]而《庚桑楚》有「至禮有不人，至義不物，至知

---

2 仁義禮智信初見於《漢書·董仲舒傳》。

不謀，至仁無親，至信辟金」的文句，可見這篇有為漢代所作的嫌疑。此外，漢代思想竄入《莊子》裡頭的如《天道》的「帝王天子之德」，「玄聖素王之道」；《天運》總稱《易》、《詩》、《書》、《禮》、《樂》、《春秋》，都是。《天下》純是漢人的作品。《天地》也含有多量漢代思想的成分。

　　《呂氏春秋》與《莊子》也有相當關係。《逍遙遊》的許由與《慎行論‧求人篇》的許由同出一源。《胠篋》的盜跖與《仲冬紀‧當務篇》所記一樣。《天地》的伯成子高見於《恃君覽‧長利篇》。《山木》與《孝行覽‧必己篇》的一節相同。《田子方》的溫伯雪子見於《審應覽‧精諭篇》，《庚桑楚》為《似順論‧有度篇》的一節。《外物》為《孝行覽‧必己篇》的篇首。《讓王》所取的材料更多：子州支父的話出於《仲春紀‧貴生篇》；石戶之農、北人無擇、瞀光、卞隨，出於《離俗覽‧離俗篇》；大王亶父與子華子、魏牟，出自《開春論‧審為篇》；列子出自《先識覽‧觀世篇》；孔子、許由、共伯出於《孝行覽‧慎人篇》；伯夷、叔齊出於《季冬紀‧誠廉篇》。《盜跖》的「堯不慈舜不孝，禹偏枯，湯放其主，武王伐紂，文王拘羑里」，與《仲冬紀‧當務篇》「堯有不慈之名，舜有不孝之行，禹有淫湎之意，湯武有放殺之事，五伯有暴亂之謀」同出一源。這裡有些是《呂氏春秋》抄錄《莊子》，但多半是後人依《呂氏春秋》編成的。

　　《莊子》全書稱「莊周之言」、「莊子曰」及莊子事蹟，約在三十上下。這顯是後人集錄的痕跡。《荀子‧解蔽篇》評莊子的學說為「蔽於天而不知人」，從這一點可以推想原本《莊子》思想的一斑。原本《莊子》所說的，或者是對舉天人、非人而是天、以人歸天一類

的問題，在《人間世》、《在宥》、《秋水》、《達生》諸篇所說的，可以看為保留著荀子以前的《莊子》的面目。《列禦寇》中的「莊子曰：知道易，勿言難。知而不言，所以之天也。知而言之，所以之人也。古之人，天而不人」，大概也是《莊子》原本的文句。《天道》與《外物》所引用的大概也出於《莊子》原本。《史記》說莊子著書「明老子之術」，現存《莊子》裡累見老子的事蹟和老子之言，但引《老子》的文句的除《寓言篇》引用四十一章外，其餘都不見於今本《老子》。這些關於老子的章節，或者也出於《莊子》原本，如《德充符》、《胠篋》、《達生》、《知北遊》等都有一部分是。《史記》又說莊子「著書十餘萬言，大抵率寓言也。……其說洸洋自恣以適己」。現存的《逍遙游》、《應帝王》、《秋水》、《至樂》諸篇多屬空想和寓言，實有「洸洋自恣」之概，但《逍遙遊》所出列子之言和宋榮子的名字，乃後人加入。宋榮子是與荀卿同時的人物。《秋水》所出公孫龍與魏牟的問答，以後屢出「莊子之言」、「莊子曰」的文句，也是後加的。《胠篋》與《知北遊》中有「故曰」、「故」的文句，或者是從原本《莊子》引出。《呂氏春秋・有始覽・去尤篇》「莊子曰，以瓦殳者翔」一節與《莊子・達生篇》「以瓦注者巧」一節字句稍微不同，大概也是從同一原本引出來的。

《莊子》原本在荀子時代雖已存在，但是還沒被尊重到與《老子》平等。當時只說「老關」而不說「老莊」。看《莊子》屢記與惠子對話，想是戰國末道家攻擊辯者的作品，因而莊子的名漸為世人所尊重。到《淮南子》時代，老莊的名字便連在一起。《淮南子・要略篇》舉《道應》的大意說：「《道應》者，攬掇遂事之蹤，追觀往古之跡，

察禍福利害之反，考驗乎老莊之術，而以合得失之勢者也。」《淮南子》雖稱「老莊」，卻多引《莊子》的文句。漢代道家推尊莊子，因他稍後於孟子，便將老子推上與孔子同時，而以老莊與孔孟對稱。漢代儒學是繼承荀子的禮樂說，但孟子的仁義說亦有相當的勢力，故在事實上是荀孟並尊，如《韓詩外傳》、《中庸》，都是荀孟思想的混合作品。仁義說更受道家的反對，《莊子》的編成最初也與排斥仁義有關，後來才反抗辯者之辯。由一本原書加以潤色，其時期，自戰國末到漢初，執筆者定不止一人。《莊子》的內容不一致的緣故就在加入和偽造的部分很多。若以這書為傳莊子學說的人們彙集，而冠以「《莊子》」的名，那就差不遠了。《漢書・藝文志》所列道家典籍許多是內容不一致而託於一個人的名字底下的，如《管子》也是最顯的例。甚至假託古人的名以為書名的，如《黃帝》、《力牧》、《伊尹》、《太公》等的也有。所以現在《莊子》的名是否與莊周所著書的實相符當是一個疑問。

　　《莊子》三十三篇，分內、外、雜三部，大體說來，《內篇》較近於《莊子》的原本，其他二部為莊周後學所加，但不能說這兩部中沒有原本的文句。依《天下篇》對於莊周的評論，莊子一面唱楊朱全性保真說，一面發揚田駢的貴齊說，且用這說來改進楊朱的學說。《齊物論》與《大宗師》是屬於貴齊說的論文；《逍遙遊》與《養生主》是屬於全性說的。其餘《人間世》、《德充符》、《應帝王》三篇多含全性的論調。至於《外篇》與《雜篇》的年代，依武內先生的斷定，大體可以分為五個時期：（一）莊周直傳的門人所傳的，為《至樂》、《達生》、《山木》、《田子方》、《知北遊》、《寓言》、《列禦寇》。

（二）成於稍晚的後學的為《庚桑楚》、《徐無鬼》、《則陽》、《外物》。
（三）成於齊王建（西紀前二六四至前二二一年）時代的為《駢拇》、
《馬蹄》、《胠篋》、《在宥》。（四）成於秦漢之際的為《天地》、《天
道》、《天運》、《秋水》、《刻意》、《繕性》、《天下》，（五）秦漢之
際所成別派的諸篇為《讓王》、《盜跖》、《說劍》、《漁父》依這個分
法，《莊子》的思想順序便有些眉目了。

寅 莊子的思想

　　假若沒有莊子，道家思想也不能成其偉大，但在《莊子》裡，思
想既然那麼複雜，要確知莊周的思想實不容易。《荀子，解蔽篇》說
「《莊子》蔽於天而不知人」，以莊子為因循天道而忽略人道。更詳細
的莊子學說評論存於《莊子》最後一篇《天下》裡頭。這篇把周末諸
子評論過後，才介紹莊子的學說，看來，當然是傳莊子學說的人所
造。本學派的學者自評其祖師的話當然更為確切，現當引出。

　　芴漠無形，變化無常。死與，生與？天地並與？神明往與？芒乎
何之？忽乎何適？萬物畢羅，莫足以歸。古之道術有在於是者，莊周
聞其風而悅之，以謬悠之說，荒唐之言，無端崖之辭，時恣縱而不
儻，不以觭見之也。以天下為沉濁，不可與莊語；以卮言為曼衍；以
重言為真；以寓言為廣。獨與天地精神往來，而不敖倪於萬物。不譴
是非，以與世俗處。其書雖瑰瑋，而連犿無傷也。其辭雖參差，而諔
詭可觀。彼者充實，不可以已，上與造物者游，而下與外生死無終始
者為友。

從《天下》這一段可以看出莊子的學說的淵源。他承受了老子對於宇宙本體的見解，以宇宙本體為寂寞無形，而現象界則變化無常，生死與物我的分別本是人間的知識，從本體看來，只是一事物的兩面，故天地萬物乃屬一體。這是承傳田駢的齊物說，以萬物等齊、生死如一為立論的根據。至於他的處世方法，是「不譴是非，以與世俗處」，他以天下為沉濁，不能用莊正的語言來指示，所以要用巵言、重言和寓言。在《寓言》裡三種言，說：「寓言十九，重言十七，巵言日出，和以天倪。寓言十九，藉外論之。親父不為其子媒，親父譽之，不若非父者也。非吾罪也，人之罪也。與己同則應，不與己同則反。同於己為，是之；異於己為，非之。重言十七，所以己言也，是為耆艾。年先矣，而無經緯本末以期年耆者，是非先也。人而無以先人，無人道也。人而無人道，是之謂陳人。巵言日出，和以天倪，因以曼衍，所以窮年。不言則齊。齊與？言不齊。言與？齊不齊也。故曰無言。言無言，終身言，未嘗不言，終身不言，未嘗不言。有自也而可，有自也而不可；有自也而然，有自也而不然。惡乎然？然於然；惡乎不然？不然於不然。惡乎可？可於可；惡乎不可？不可於不可。物固有所然，物固有所可。無物不然，無物不可，非巵言日出，和以天倪，孰得其久？萬物皆種也，以不同形相禪，始卒若環，莫得其倫，是謂天均。天均者，天倪也。」世俗的是非，在有道者看來，完全不足計較，因為萬物本無是非曲直，只是形狀不同，互相禪代，像環一樣，不能得其終始。有道者所交遊的是造物者與外生死、無終始者。他所過的是逍遙生活。莊周的人生觀是逍遙主義，而這個是從他所根據的齊物論而來。現在先略述他的齊物論。

（一）齊物論

　　莊周的齊物思想見於《齊物論》及《大宗師》。這思想是出於田駢的貴齊說。自齊宣王歿後，稷下的學者散於四方，田駢也去齊到薛，遊於孟嘗君之門。他的思想，或者因此傳播到南方，造成了莊子的學說，《齊物論》好像是一部獨立的著作，現在所存或是全篇的一部分，後部像未完，或久已佚去，但其中所述已能夠使人明白了。《齊物論》的根本論點有三，便是是非、物我、生死的問題，今當分述如下。

　　天地萬物與我本屬一體，故萬象都包羅在裡頭，無所謂是非真偽。如果依人間的知識去爭辯，那就把道丟失了。所以《齊物論》說：「道惡乎隱而有真偽？言惡乎隱而有是非？道惡乎往而不存？言惡乎存而不可？道隱於小成，言隱於榮華。故有儒墨之是非，以是其所非而非其所是。欲是其所非而非其所是，則莫若以明。物無非彼，物無非是。自彼則不見，自知則知之。故曰：彼出於是，是亦因彼。彼是，方生之說也。雖然，方生方死，方死方生；方可方不可，方不可方可；因是因非，因非因是。是以聖人不由而照之於天，亦因是也。是亦彼也，彼亦是也。彼亦一是非，此亦一是非。果且有彼是乎哉？彼是莫得其偶，謂之道樞。樞始得其環中以應無窮。是亦一無窮，非亦一無窮也。」是非之爭一起來，就各執一端不能見道的全體，故說「道隱於小成」。「彼出於是，是亦因彼」，注說：「夫物之偏也，皆不見彼之所見，而獨自知其所知。自知其所知，則自以為是。自以為是，則以彼為非矣。故曰：『彼出於是，是亦因彼。』彼是相因而生者也。」用現代的話講，是非之辨，含有空間和時間的相

因，沒有客觀的標準。所以說「彼是」加方生之說，生者方自以為生，而死者亦方自以其死為生，彼亦一是非，此亦一是非，不能偏執一方之辭來評定。得道者要在道樞上，看是非只是相對的存在，互相轉運以致於無窮。道樞是彼此是非，種種相對的事物消滅了的境地。在道樞上看，莛與楹的縱橫不分，厲與西施的美醜無別，這就名為天鈞（或天均），鈞便是齊的意思。

其次，物我之見乃庸俗人所有。在這點上，莊周標出他的真人的理想。所謂真人，便是不用心知去辨別一切的人。《大宗師》說：「知天之所為，知人之所為者至矣。知天之所為者，天而生也。知人之所為者，以其知之所知以養其知之所不知，終其天年而不中道夭者，是知之盛也。雖然有患。夫知有所待而後當。其所待者，特未定也。庸詎知吾所謂天之非人乎？所謂人之非天乎？且有真人而後有真知。何謂真人？古之真人不逆寡，不雄成，不謨士。若然者，過而弗悔，當而不自得也。若然者，登高不慄，入水不濡，入火不熱。是知之能登假於道者也若此。古之真人，其寢不夢，其覺無憂，其食不甘，其息深深。真人之息以踵，眾人之息以喉，屈服者，其嗌言若哇。其耆欲深者，其天機淺，古之真人，不知說生，不知惡死，其出不訴，其入不距，翛然而往，翛然而來而已矣。不忘其所始，不求其所終，受而喜之，忘而復之，是之謂不以心捐道，不以人助天，是之謂真人。若然者，其心志，其容寂，其顙頯，淒然似秋，暖然似春，喜怒通四時，與物有宜而莫知其極。」真人是自然人，他的知也是自天而生，成敗、利害、生死、愛惡等等對立的心識都不存在。看萬物與我為一，最「與天為徒」，是真人。在《齊物論》裡也說：「天地與我並

生，而萬物與我為一。」物類同異的數目為巧歷所不能紀的，若立在「一」的觀點上也就無可說的了。

其三，愛生惡死乃人的恆情，莊子以為現象界的一切所以現出生死變化，只是時間作怪，在空間上本屬一體，無所謂來去，無所謂生死。所以說真人是不知說生，不知惡死的。愛生的是不明死也可愛，《齊物論》用麗姬與夢的譬喻說：「麗之姬，艾封人之子也。晉國之始得之也，涕泣沾襟；及其至於王所，與王同筐床，食芻豢，而後悔其泣也，予惡乎知夫死者之不悔其始之蘄生乎？夢飲酒者，旦而哭泣；夢哭泣者，旦而田獵。方其夢也，不知其夢也，夢之中又占其夢焉，覺而後知其夢也。」死的境地為生者所不知，所以畏懼，不知生是「天刑」，故如《養生主》所說，死是「遁天之刑」，是「帝之懸解」。《大宗師》裡用子祀、子輿等四人的友誼來說明死的意味，今具引出。

子祀、子輿、子犁、子來四人相與語曰：「孰能以無為首，以生為脊，以死為尻；孰知生死存亡之一體者，吾與之友矣。」四人相視而笑，莫逆於心，遂相與為友。

俄而子輿有病，子祀往問之，曰：「偉哉！夫造物者將以子為此拘拘也！」曲僂發背，上有五管，頤隱於齊，肩高於頂，句贅指天，陰陽之氣有沴，其心閒而無事，跰𨇤而鑑於井，曰：「嗟乎！夫造物者又將以予為此拘拘也！」子祀曰：「女惡之乎？」曰：「亡。予何惡？浸假而化予之左臂以為雞，予因以求時夜；浸假而化予之右臂以為彈，予因以求鴞炙；浸假而化予之及以為輪，以神為馬，予因而乘之，豈更駕哉？且夫得者時也，失者順也，安時而處順，哀樂不能入

也。此古之所謂懸解也。而不能自解者，物有結之。且夫物不勝天久矣，吾又何惡焉？」

俄而子來有病，喘喘然將死，其妻子環而泣之。子犁往問之，曰：「叱！避！無怛化。」倚其戶與之語，曰：「偉哉！造物又將奚以汝為，將奚以汝適？以汝為鼠肝乎？以汝為蟲臂乎？」子來曰：「父母於子，東西南北，唯命之從。陰陽於人，不翅於父母。彼近吾死，而我不聽，我則悍矣，彼何罪焉？夫大塊載我以形，勞我以生，佚我以老，息我以死，故善吾生者，乃所以善吾死也。今之大冶鑄金，金踴躍曰：『我且必為鏌鋣』大冶必以為不祥之金。今一犯人之形而曰：『人耳！人耳！』夫造化者必以為不祥之人。今一以天地為大爐，以造化為大冶，惡乎往而不可哉？」成然寐，蘧然覺。

得道者，對於生死，漠然不關心，所以名「為游方之外者」。世俗人是方內人，甚至孔子也不能免於俗見，使子貢去弔子桑戶的喪。《大宗師》裡假託孔子說明方外人的生死觀說：「彼方且與造物者為人，而游乎天地之一氣。彼以生為附贅縣疣，以死為決疣潰癰。夫若然者又惡知死生先後之所在？假於異物，託於同體，忘其肝膽，遺其耳目，反覆終始，不知端倪，芒然彷徨乎塵垢之外，逍遙乎無為之業，彼又惡能憒憒然為世俗之禮，以觀眾人之耳目哉？」這樣看來，死究竟比生還自然，從拘束的形體解放出來，而達到真正與宇宙同體的境地。道家對於生死的看法與佛家不同也可以從這裡看出來。死後所變的形體是變化不是輪迴，所以同一人之身，一部分可化為有知的雞，一部分也可以化為無知的彈丸，又一部分可以化輪化馬。這變化不是個體的業力所致，實由於自然的運行，生者不得不生，死者不得

不死。像佛家定意要求涅槃，在道家看來，也是徒勞，金在爐中，是不能自主的。

（二）逍遙遊論

在哲學的根據上，莊子發展田駢的貴齊說，但在處世方法上卻是承繼楊朱的「全性保真，不以物累形」[3]的思想。這全性保真的方法在《莊子》裡名為「逍遙遊」。逍遙的意義是將功名去掉，便能悠悠然自適其生活，一點也沒有掛念。這思想在《莊子·內篇》裡到處都可以找出，尤多見的是《逍遙遊》、《養生主》、《人間世》、《德充符》諸篇。在《逍遙遊》裡所述的鵬、冥靈、大椿，它們的生活與壽命已不是凡庸的生物所能比擬，何況能比得上得道者呢？他是「乘天地之正，而御六氣之辯，以遊無窮者」。要達到這個境地，必須捨棄功名與自我，所以說：「至人無己，神人無功，聖人無名。「名稱上雖有聖人、神人、至人的分別，在這裡都可當作得道者看。

至人無己的例如《齊物論》、《應帝王》和《天地》所舉許由、齧缺、王倪的故事。今依武內先生的校正將這段故事排列出來。

堯之師曰許由；許由之師曰齧缺；齧缺之師曰王倪，王倪之師曰被衣。堯問於許由曰：「齧缺可以配天下乎？吾藉王倪以要之。」許由曰：「殆哉！圾乎天下！齧缺之為人也，聰明睿知，給數以敏，其性過人，而又乃以人受天，彼審乎禁過而不知過之所由生。與之配天乎？彼且乘人而無天，方且本身而異形，方且尊知而火齊，方且為緒

3　《淮南子·氾論訓》。

使，方且為物絯，方且四顧而物應，方且應眾宜，方且與物化，而未始有恒。失何足以配天乎？雖然有族有祖，可以為眾父，而不可以為眾父父，治亂之率也，北面之禍也，南面之賊也。」（《天地》）

齧缺問乎王倪曰：「子知物之所同是乎？」曰：「吾惡乎知之？」「子知子之所不知邪？」曰：「吾惡乎知之？」「然則物無知邪？」曰：「吾惡乎知之？雖然，嘗試言之。庸詎知吾所謂知之非不知邪？庸詎知吾所謂不知之非知邪？且吾嘗試問乎女：民濕寢則腰疾偏死，鰍然乎哉？木處則惴慄恂懼，猿猴然乎哉？三者孰知正處？民食芻豢，麋鹿食薦，蝍蛆甘帶，鴟鴉耆鼠，四者孰知正味？猿猵狙以為雌，麋與鹿交，鰍與魚游，毛嬙麗姬，人之所美也，魚見之深入，鳥見之高飛，麋鹿見之決驟，四者孰知天下之正色哉？自我觀之，仁義之端，是非之途，樊然淆亂，吾惡能知其辯？」齧缺曰：「子不知利害，則至人固不知利害乎？」王倪曰：「至人神矣！大澤焚而不能熱，河漢沍而不能寒，疾雷破山，風振海而不能驚。若然者，乘雲氣，騎日月，而遊乎四海之外，死生無變於己，而況利害之端乎？」（《齊物論》）

齧缺問於王倪，四問而四不知。齧缺因躍而大喜，行以告蒲衣子（被衣）。蒲衣子曰：「而乃今知之乎？有虞氏不及泰氏。有虞氏其猶藏仁以要人，亦得人矣，而未始出於非人。泰氏其臥徐徐，其覺于于，一以己為馬，一以己為牛，其知情信，其德甚真，而未始入於非人。」（《應帝王》）

堯治天下之民，平海內之政，往見四子藐姑射之山汾水之陽，窅然喪其天下焉。（《逍遙遊》）

這段故事說明至人無己的意義。許由、齧缺、王倪、被衣四人都是明了至人無己的人，事物的同異、得失、美惡，都不是他們所要知道的，唯其不知，故末為非人的物所累。

　　其次，說明神人無功，莊子用藐姑射神人來做譬喻。

　　肩吾問於連叔曰：「吾聞言於接輿，大而無當，往而不返，吾驚怖其言猶河漢而無極也，大有逕庭，不近人情焉。」連叔曰：「其言謂何哉？」「曰『藐姑射之山，有神人居焉。肌膚若冰雪，綽約若處子；不食五穀，吸風飲露；乘雲氣，御飛龍，而遊乎四海之外；其神凝，使物不疵癘而年穀熟。』吾以是狂而不信也。」連叔曰：「然。聾者無以與乎文章之觀，聾者無以與乎鐘鼓之聲。豈唯形骸有聾盲哉？夫知亦有之。是其言也，猶時汝也。之人也，之德也，將磅礴萬物以為一，世蘄乎亂，孰弊弊焉以天下為事？之人也，物莫之傷，大浸稽天而不溺，大旱金石流、土山焦而不熱。是其塵垢秕糠，將猶陶鑄堯舜者也，孰肯以物為事？」（《逍遙遊》）

　　神人雖與物接，而心不被纓紼，神不致憔悴，遺身自得，物莫能傷，看堯舜的功名不過是塵垢秕糠而已。

　　第三，說聖人無名，用堯讓位於許由的譬喻。

　　堯讓天下於許由，曰：「日月出矣，而爝火不息，其於光也，不亦難乎？時雨降矣，而猶浸灌，其於澤也，不亦勞乎？夫子立而天下治，而我猶尸之，吾自視缺然，請致天下。」許由曰：「子治天下，天下既已治也，而我猶代子，吾將為名乎？名者實之賓也，吾將為賓

乎？鷦鷯巢於深林，不過一枝；偃鼠飲河，不過滿腹。歸休乎君，予無所用天下為。庖人雖不治庖，尸祝不越樽俎而代之矣。」（《逍遙游》）

聖人能順物，一切行為皆與天下百姓共，雖無為君之名，實有為君之德。他於天下既無所求，那更虛玄的名也可以不要了。尸祝不越俎代庖，是明各安其所，不相踰越，才能達到逍遙的境地。世人以為可寶貴的，在聖人看來實在無所用，像越人斷髮文身，用不著宋人的章甫一樣。自我為世人所執持，功名為世人所愛尚，聖人一點也不介意，他所求的只如鷦鷯和偃鼠的生活而已。總之，莊子所求的是天然的生活，自任自適如不繫之舟漂流於人生的大海上，試要在可悲的命運中愉快地渡過去。

這裡可注意的是莊子的至人思想。上面所引的「至人無己」，《齊物論》的「至人神矣，大澤焚而不能熱，河漢沍而不能寒，疾雷破山，風振海而不能驚」，《田子方》的「得至美而遊乎至樂，謂之至人」，《外物》的「至人乃能遊於世而不僻，順人而不失己」，所標的至人都是莊子和他以後所用的新名詞。至人與聖人不同，他是沒有政治意味的，他只是知道者。有超越的心境，不以外物為思想的對象，離開民眾而注重個人內心的修養的人都是至人。莊子以後用至人來敵對儒家的聖人，是思想上一個轉變。至人有時也稱真人，注重消極的保身，以治天下為不足道，故對於儒墨的思想加以抨擊。上面列至人、神人、聖人三個等第，明至人是最高的。但這裡所謂聖人也與儒家所用的不同，是超乎治術之外的。

卯 莊子門人的思想

　　莊子直傳門人的思想在《至樂》、《達生》、《山水》、《田子方》、《知北遊》、《寓言》、《列禦寇》幾篇可以找出來。姚姬傳以《至樂》與《逍遙遊》，《寓言》與《齊物論》，《達生》與《養生主》，《山木》與《人間世》，《田子方》、《列禦寇》與《德充符》，《知北遊》與《大宗師》的思想相同。這七篇所論的要點在申明萬匯的差別，若從自然方面看，都是平等無別，萬物都由同一種子所現不同的形狀。種與種更迭變化，無終無始像環一樣。這名為天鈞，或天倪。《齊物論》只說明天鈞的理，而後來的門人便進一步去解釋天鈞。在《至樂》裡用萬物變化的歷程來解天鈞，自蘧以致於人，都在變化中，故萬物皆出於機，皆入於機，而未嘗有生死，在《列子·天瑞篇》裡也有一段說明種與種更互的變化，與《至樂》的文句差不多。這都是補充《寓言》的「萬物皆種也」的意義，以為天地間種種複雜的形體都是由同一種子變化而來。對於宇宙用這種簡陋的生物學的說明，現時看來雖然可笑，但這一流道家為要建立他們的天倪論，不能不想及生物生成的問題。他們觀察現象界變化的歷程，認為種子究竟相同，所差者只是時間與空間的關係而已。說萬物等齊的現象便是天倪論，若單就理論說即是齊物論。

　　至於這種子怎樣來，變化是為什麼，都不是人間的知識所能了解，人所能知的只是從這出於機的現象推得生死變化是必然的命運，無論是誰都不能逃避。自我與形體的關係，如影與形一般。形變我也隨之而變，像蝸甲和蛇蛻一樣，不能不變，卻不知其所以然或所以不

然。萬物不能不變化，如《知北遊》說：「天不得不高，地不得不廣，日月不得不行，萬物不得不昌。」故「彼來則我與之來，彼往則我與之往，彼強陽則我與之強陽」。生活便是一種飄遙強陽的運行現象，來往無心，來不能卻，去不能止，不能強問其所以。道家的本體觀看來是以天無意志，任運而行的虛無論。因此人在自然中生活唯一的事情為他所能做得到的只有保全其天賦的壽命而已。能保全天賦壽命的人，便能順應無極的變化，而與天地齊壽。這意思便是《齊物論》所說：「和之以天倪，因之以曼衍，所以窮年也。忘年忘義，振於無竟，故寓諸無竟。」《知北遊》也說：「生也死之徒，死也生之始，孰知其紀？人之生，氣之聚也，聚則為生，散則為死，若死生為徒，吾又何患？故萬物一也，是其所美者為神奇，其所惡者為臭腐，臭腐復化為神奇，神奇復化為臭腐，故曰通天下一氣耳。聖人故貴一。」

辰 承傳稷下法治派的莊子學

現存的《庚桑楚》、《徐無鬼》、《則陽》、《外物》四篇，在思想上與稷下法治派的道家顯有密切的關係。這四篇的著作年代或者與荀子同時，就是當西曆西元前二百六十年前後。《徐無鬼》裡舉出儒、墨、楊、秉與莊子五家，「秉」或是「宋」[4]字之誤，宋指宋鈃。本篇徐無鬼對魏武侯說的偃兵說也暗示著作者生於宋鈃以後。《外物》並稱「《詩》、《禮》」，《庚桑楚》列舉禮義知仁信，都反映著荀子的時代。又，《徐無鬼》有「吾所以說吾君者，橫說之則以《詩》、《書》、

4　秉舊解為公孫龍之字，恐不當，今采洪頤煊說。

《禮》、《樂》；縱說之則以金版《六弢》」的文句。前者是當時儒家的經典，後者稷下道家假托太公的著作。《庚桑楚》所引老聃之言，「衛生之經，能抱一乎？能勿失乎？能無卜筮而知吉凶乎？能止乎？能已乎？能捨諸人而求諸己乎？能翛然乎？能侗然乎？能兒子乎？兒子終日嗥而嗌不嗄，和之至也；終日握而手不掜，共其德也；終日視而目不眠，偏不在外也。行不知所之，居不知所為，與物委蛇，而同其波，是衛生之經已。」這一段嬰兒論上半與《管子・心術》下篇相似，下半的意義與《道德經》第五十五章相似，也可以看出是稷下道家之言。四篇的作者雖不定是稷下人物，但以其思想類似，故假定他們是稷下的莊子學者。

稷下的莊子學者的思想與慎到的相似，以絕聖棄知為極則。《庚桑楚》開章說老聃的弟子庚桑楚，得老子之道以居畏壘之山，臣妾中的知者仁者都離開他，他只與擁腫（無知）者、鞅掌（不仁）者同居。三年後，畏壘之民都佩服他，要尊他為賢人。他很不喜歡，他的徒弟反勸他出去為民謀善利，如堯舜一樣。庚桑楚說：「小子來，夫函車之獸，介而離山，則不免於罔罟之患；吞舟之魚，碭而失水，則蟻能苦之。故鳥獸不厭高，龜鱉不厭深。夫全其形生之人，藏其身也，不願深眇而已矣。且夫二子者，又何足以稱揚哉？是其於辯也，將妄鑿垣牆而殖蓬蒿也？簡髮而櫛，數米而炊，竊竊乎又何足以濟世哉？舉賢則民相軋，任知則民相盜，之數物者，不足以厚民。民之於利甚勤，子有殺父，臣有殺君，正晝為盜，日中穴阫。吾語爾，大亂之本必生於堯舜之間，其末存乎千世之後。千世之後，其必有人與人相食者也。」尊賢重知的結果，必至人食人，所以要「全汝形，抱汝

生，無使汝思慮營營」。知與義是心身之累，要全生保身，當要放棄它們。在《庚桑楚》裡所提出的是衛生主義。所謂衛生是能抱一和過著像嬰兒的生活的至人。所以說：「夫至人者，相與交食乎地，而交樂乎天；不以人物利害相攖，不相與為怪，不相與為謀，不相與為事：翛然而往，侗然而來。是謂衛生之經已。」再進一步要像嬰兒一樣：「兒子動不知所為，行不知所之，身若槁木之枝而心若死灰矣。若是者，禍亦不至，福亦不來，禍福無有，惡有人災也？」《庚桑楚》的衛生論是把莊子的全性保真說更徹底地說明，更混合了慎到一派的絕聖棄知說，這或者是曲解莊子的學說去就慎子。此篇作者以為心情行為都應捨棄，因為宇宙本無定無極，若有執著，便有限定，有限定便有累贅了。作者說明宇宙的本性說：「有實而無乎處者宇也。有長而無本剽者宙也。有乎生，有乎死，有乎出，有乎人，入出而無見其形，是謂天門。天門者，無有也。萬物出乎無有。有不能以有為有，必出乎無有。而無有一無有，聖人藏乎是。」在處世方法上，若本著無有的主旨，勃志、謬心、累德、塞道的事情也就消滅了，所以說，「至禮有不人，至義不物，至知不謀，至人無親，至信僻金，徹志之勃，解心之謬。志德之累，達道之塞。貴、富、顯、嚴、名、利，六者，勃志也。容、動、色、理、氣、意，六者，謬心也。惡、欲、喜、怒、哀、樂，六者，累德也。去、就、取、與、知能，六者，塞道也。此四六者，不盪胸中則正，正則靜，靜則明，明則虛，虛則無為而無不為也」。

　　《徐無鬼》也是發明絕聖棄知的意義。作者申明天地的生物本無高下貴賤的分別，好公和而惡奸私，立仁義便有授與受的關係，受授

之間，奸私隨起，所以說：「愛民，害民之始也；為義偃兵，造兵之本也。」為天下無異於牧馬，牧馬者只在去馬害而已，牧者使馬齕草飲水，便已滿足。若加以鞭策，雖能使之日馳千里，卻是害了馬的本性，牧民者能任民自由，便是至冶，若拘以法令，就戕賊人的本性了。聖人行不言之教，用不著德行與知辯，「故德總乎道之所一，而言休乎知之所不知。至矣！道之所一者，德不能同也。知之所不能者，辯不能舉也，名若儒墨而凶矣。故海不辭東流，大之至也。聖人並包天地，澤及天下，而不知其誰氏，是故生無爵，死無謚，實不聚，名不立，此之謂大人。狗不以善吠為良，人不以善言為賢，而況為大乎？夫為大不足以為大，而況為德乎？夫大備矣，莫若天地，然奚求焉，而大備矣？知大備者，無求、無失、無棄，不以物易己也。反己而不窮，循古而不摩，大人之誠。」能知大備，便如天地一般，反求諸己而不窮，上循乎古而不磨滅，外無所求，當無失棄，這樣，天真自能保全了。

《則陽》的大慈也是闡明返到本性的道理。性是什麼呢？「聖人達綢繆，周盡一體矣，而不知其然，性也。覆命搖作而以天為師，人則從而命之也。」聖人的一切動作皆以天為師，能達事理而不知其所以然，這便是性的本體。稱他為聖人只是常人以他是如此，他自己卻不知道。好比一個美人，別人不給他鏡子，他永不會知道，聖人愛人也是如此，若沒有人告訴他，他也不會知道。這樣便是得到環中底理。環的中央虛空無物，故能隨順萬物，運轉無窮，循環不息，不可數量計，不可以時分計，這就名為「與物化」。與物化者，便能泯滅物我，返到真性的源。《外物》明至人的天府乃是隨性遇物，若矯揉

仁義，就會滅真失性。凡非性命之本都是外物，必要去求，徒自勞苦，像車轍中的鮒魚，只須升斗的水便可活命，此外，雖有西江的水也沒有用處。這種返性保真的見解與《管子·心術》很有關係，可以比較來讀。

B 承傳稷下陰謀派的莊子學

屬於陰謀派的莊子學是《駢拇》、《馬蹄》、《胠篋》和《在宥》的前二章。這幾篇大抵是出於一人的手筆，成於齊王建的時代。其中《胠篋》與古本《鬼谷子》很有關係。今本《鬼谷子·符言第十二》的末後有「《轉丸》、《胠篋》二篇皆亡」一句，《正統道藏》本注說：「或有莊周《胠篋》而充次第者。」可見古本《鬼谷子》收《胠篋》一篇。唐司馬貞於《史記索隱》中所引的《鬼谷子》田成子殺齊君的文句，《北堂書鈔》一四八引《鬼谷子》「魯酒薄而邯鄲圍」，皆見於今本《莊子·胠篋篇》。但無論如何，這幾篇的思想是浸潤在「太公書」裡頭的，作者或者是齊人。

《駢拇》以仁義之道能害性命，凡德性所不當有者，直像駢枝贅疣一樣。性命本無為自然，像拇的無駢，指的無枝，像手足的長短中度，故「鳧脛雖短，續之則憂；鶴脛雖長，斷之則悲。故性長非所斷，性短非所續，無所去憂也。意仁義其非人情乎？彼仁人何其多憂也？」凡憂皆起於後起的贅疣，仁義的多憂，便在有餘與不足的可以增損，早已離開本性了。加以既成的有餘與不足也不能補救，必要有所作為，也有憂患。故禮樂仁義都是矯揉造作、傷害性命的事。自三代於下，小人以身殉利，士以身殉名，大夫以身殉家，聖人以身殉天

下，都是因為以物易性，以致於傷損。善治民者當循民的常性，不必用仁義來鼓勵他們，用法令去威嚇他們，使他返到太古淳厚素樸的境地。《馬蹄》說善治天下者：「彼民有常性，織而衣，耕而食，是謂同德。一而不黨，命曰天放[5]。故至德之世，其行填填，其視顛顛。當是時也，山無蹊隧，澤無舟梁，萬物群生，連屬其鄉，禽獸成群，草木遂長，故其禽獸可繫羈而游，鳥鵲之巢可攀援而窺。夫至德之世，同與禽獸居，族與萬物並，惡乎知君子小人哉？同乎無知，其德不離；同乎無欲，是謂素樸。素樸而民性得矣，及至聖人，蹩躠為仁，踶跂為義，而天下始疑矣；澶漫為樂，摘擗為禮，而天下始分矣。故純樸不殘，孰為犧尊？白玉不毀，孰為珪璋？道德不廢，安取仁義？性情不離，安用禮樂？五色不亂，孰為文采？五聲不亂，孰應六律？夫殘樸以為器，工匠之罪也。毀道德以為仁義，聖人之過也。」

　　《胠篋》說田成子不但竊齊國，並且盜其聖知之法，看來世俗之所謂至知至聖，沒有不是為大盜預備的。「聖人不死，大盜不止」，故當培擊聖人，使聖知棄絕；縱捨盜賊，使所竊的聖知無所用，能夠如此，天下便治了。總之，這幾篇的作者主張人須得到自然的生活，以絕聖棄知為極則，雖傾向慎到一流的思想，卻又注重性情的保持，可以看為受慎子與鬼谷子思想的莊子後學的作品。作者對於儒家的仁義禮樂治天下的理想，特加排斥，以為這些都是束縛。《在宥》說：「故君子不得已而臨莅天下，莫若無為。無為也，而後安其性命之清。故貴以身於為天下，則可以托天下；愛以身於為天下，則可以寄

5　天放：陸德明《音義》「放如字，崔本作牧，云養也。」今從牧字解。

天下。」

午 秦漢儒家化的莊子學

《天地》、《天道》、《天運》、《刻意》、《繕性》、《秋水》、《天下》，七篇大抵成於秦漢之際。作者的思想也是以返到自然的性為尚。作者不十分反對儒家，而其內容與《易》的《彖》、《象傳》與《繫辭傳》很相近。從作者屢引孔子與老聃的關係，也可以看出他們是折衷儒道的性說，來反對楊墨的。所不同者，儒主以率性，而道主以反性。《繕性篇》說：「古之存身者不以辯飾知，不以知窮天下，不以知窮德，危然處其所，而反其性，己又何為哉？道固不小行，德固不小識，小識傷德，小行傷道，故曰正己而已矣。」善於存身者不用知辯，不用德行，因為這都是有為，一用知則一切知皆為小識，一用行則一切行都是小行，所以要危然安處，反其性而復其初，自己一無所為，毫無缺憾性命就保全了。《天地篇》述子貢教漢陰丈人用桔槔汲水，這種行為，便是小知小行，丈人並非不知，只是恥而不為。故說：「有機械者，必有機事；有機事者，必有機心。機心存於胸中，則純白不備。純白不備，則神生不定。神生不定者，道之所不載也。」

人性的本源是從最初的無有無名發展而來，人當反到那個地位。《無地篇》說「泰初有無；無有無名，一之所起。有一而未形，物得以生，謂之德。未形者有分，且然無間，謂之命。留動而生物，物成生理，謂之形。形體保神，各有儀則，謂之性。性修反德，德至同於

初。同乃虛，虛乃大，合喙鳴。喙鳴合，與天地為合。其合緡緡，若愚若昏，是謂玄德，同乎大順。」如《繕性》所說，凡「繕性於俗學以求復其初；滑欲於俗思，以求致其明」者都是「蔽蒙之民」。俗學俗思所以不能復初致明的緣故，在役於知而不恬。反性復初的方法在以恬養知，以知養恬。以恬養知是知止於所不知，能明本體，不致於蒙昧，此知是直觀的，是從恬靜得來的。以知養活是後起的知，從學習而來，於自然生活都無所用，故當以其所知養其所不知，使仍歸於無知。這思想是《大宗師》「以其知之所知以養其知之所不知」的發展。若能以知與恬交相養，則有知歸於無知，無知則無不知，本體湛然，自然的性情都包含在裡頭。所以說：「古之人在混芒之中，與一世而得淡漠焉。當是時也，陰陽和靜，鬼神不擾，四時得節，萬物不傷，群生不夭，人雖有知，無所用之。此之謂至一。當是時也，莫之為而常自然。逮德下衰，及燧人伏羲始為天下，是故順而不一。德又下衰，及神農、黃帝始為天下，是故安而不順，德又下衰，及唐、虞始為天下，興治化之流，澆淳散樸，離道以善，險德以行，然後去性而從於心；心與心識知，而不足以定天下，然後附之以文，益之以博；文滅質，博溺心，然後民始惑亂，無以反其性情而復其初。」故存身之道在於正己，正己則得志，得志則無憂，無憂則無為自然，而反覆泰初的性情。無憂便是天樂，便是能與天地合德的人。

天地之德是虛靜恬淡，寂寞無為。聖人休休然不役心於取捨之間，一切都以平易處之，這樣就恬然無所知，淡然不與物交忤，故《刻意》說：「平易恬淡，則憂患不能入，邪氣不能襲，故其德全而神不虧。」今引《天道》裡解虛靜恬淡、寂寞無為的意義於下。

夫虛靜恬淡寂寞無為者，天地之平，而道德之至，故帝王聖人休焉。休則虛，虛則實，實則倫矣。虛則靜，靜則動，動則得矣。靜則無為，無為也，則任事者責矣。無為則俞俞，俞俞者，憂患不能處，年壽長矣。

夫虛靜恬淡寂寞無為者，萬物之本也。明此，以南向，堯之為君也；明此，以北面，舜之為臣也。以此處上，帝王天子之德也；以此處下，玄聖素王之道也。以此退居而閒遊，江海山林之士服；以此進為而撫世，則功大名顯，而天下一也。無為也而尊，樸素而天下莫能與之爭美。夫明白於天地之德者，此之謂大本大宗，與天和者也。所以均調天下，與人和者也。與人和者，謂之人樂；與天和者，謂之天樂。

莊子曰：吾師乎！吾師乎！䪠萬物而不為戾；澤及萬物而不為仁；長於上古而不為壽；覆載天地，刻雕眾形，而不為巧。此之謂天樂。故曰：知天樂者，其生也天行，其死也物化，靜而與陰同德，動而與陽同波。故知天樂者，無天怨，無人非，無物累，無鬼責。故曰：其動也天，其靜也地，一心定而王天下；其鬼不祟，其魂不疲，一心定而萬物服。言以虛靜推於天地，通於萬物，此之謂天樂。天樂者，聖人之心以畜天下也。

以上都是莊子的全性保真說的申明。但如楊朱一派以放縱性情，恣意於飲食男女，卻又做不得。人有生存的欲望，只要適順自然，無所取捨，便不至於失掉本性。故《天地》說：「失性有五：一曰五色亂目，使目不明；二曰五聲亂耳，使耳不聰；三曰五臭薰鼻，困惾中顙；四曰五味濁口，使口厲爽；五曰趣舍滑心，使性飛揚。此五者，

皆生之害也。」用青黃文飾的犧尊與棄置在溝壑裡的斷木，同是從一塊木頭所成，美醜雖然不同，而失掉木的本性則同。故跖與曾史，行為的善惡雖然不同，而失掉人的本性卻是一樣。總之，凡順乎自然的都與本性孚合，天與人的分別便在這裡。如《秋水》所說牛馬四足，是天；落馬首，穿牛鼻，是人。所以「無以人滅天；無以故滅命；無以得殉名；謹守而勿失，是謂反其真」。

這一派的作者也承認政治社會的活動，因而不很反對儒家的名與仁義的思想，不過不以這些為生活的極則而已。《天運》說：「名，公器也，不可多取。仁義，先王之蘧廬，止可以一宿而不可久處，覯而多責。古之至人假道於仁，托宿於義，以遊逍遙之虛，食於苟簡之田，立於不貸之圃。逍遙，無為也。苟簡，易養也。不貸，無出也。古者謂是采真之遊。」在《天道》裡也承認仁義的地位，因為人道是取則於天道的。「天尊地卑，神明之位也。春夏先，秋冬後，四時之序也。萬物化作，萌區有狀，盛衰之殺，變化之流也。夫天地至神而有尊卑先後之序，而況人道乎？宗廟尚親，朝廷尚尊，鄉黨尚齒，行事尚賢，大道之序也。語道而非其序者，非其道也。語道而非其道者，安取道哉？是故古之明大道者先明天，而道德次之；道德已明，而仁義次之；仁義已明，而分守次之；分守已明，而形名次之；形名已明，而因任次之；因任已明，而原省次之；原省已明，而是非次之；是非已明，而賞罰次之；賞罰已明，而愚知處宜，貴賤履位，仁賢不肖襲情，必分其能，必尤其名。以此事上，以此畜下，以此治物，以此修身，知謀不用，必歸其天，此之謂太平，治之至也。」

自仁義以至賞罰，都是人間的活動，只要處置得宜，愚知貴賤，

各由其名，各分其能就可以。《天地》述華封人祝堯三多，便是這意思。

> 堯觀乎華。華封人曰：「嘻，聖人！請視聖人，使聖人壽！」
>
> 堯曰：「辭。」
>
> 「使聖人富！」
>
> 堯曰：「辭。」
>
> 「使聖人多男子！」
>
> 堯曰：「辭。」
>
> 封人曰：「壽，富，多男子，人之所欲也，女獨不欲，何邪？」
>
> 堯曰：「多男子則多懼，富則多事，壽則多辱。是三者非所以養德也。故辭。」
>
> 封人曰：「始也我以女為聖人邪，今然君子也。天生萬民，必授之職，多男子而授之職，則何懼之有？富而使人分之，則何事之有？夫聖人，鶉居而鷇食，鳥行而無彰。天下有道，則與物皆昌；天下無道，則修德就閒。千歲厭世，去而上仙，乘彼白雲，至於帝鄉。三患莫至，身常無殃，則何辱之有？」封人去之，堯隨之曰：「請問。」封入曰：「退已！」

華封人的話意是多男子能各依其能力任事，則天下都是有職業的人，愚智相欺、貴賤相奪的事自然沒有，也就不用懼怕了。多富若能分之於天下，使天下的財貨均等，沒有田土連阡的富人，沒有立足無地的貧者，天下也就沒事了。多壽只要適意安心，不使性命受擾，無憂無慮，到厭世的時候便乘白雲成仙到帝鄉去遨游。這裡已經變了「物化」的意義而成為成仙的理想。至於禮義法度，不能一定取則於

堯舜，應當應時而變，在《天運》裡說，用周公的衣服去穿在猴子身上，它必都給撕碎了。古今的不同就如猴與周公的分別。作者評儒家所說的先王的法度，像取先王已陳的芻狗。芻狗本陳的時候，用篋衍盛著，用文繡披在上頭，尸祝齋戒去迎接它；到已陳過，走路的人躋它首脊，檢柴草的把它撿去燒掉。如人把已陳的芻狗再盛在筐裡，再用文繡給它被上，他的眼豈不眯了嗎？

未 承傳楊朱派的莊子學

現存《莊子》裡的《讓王》、《盜跖》、《說劍》、《漁父》四篇為全書最後的部分。《讓王》全篇合十五短篇故事而成，主旨在闡明名利祿位的不足重，唯生為尊。其中列於辭鄭子楊的粟見於《列子·說符》；子貢乘大馬見原憲；堯以天下讓許由、善卷，和伯夷、叔齊餓死首陽的故事都見於《列子·楊朱》。尊生便是楊朱的全性保真說，可見作者是傾向楊朱思想的。《讓王》說「能尊生者，雖富貴不以養傷身，雖貧賤不以利累形。」患得患失的人終要傷身累形，甚至危身棄生。名利不過是極輕微的事物，生是何等重要？用寶貴的生與身去殉輕微的物，比「以隨侯之珠彈千仞之雀」所失的還要重大，所以聖人不取。《盜跖》分三章：第一述孔子見盜跖的故事；第二記子張與滿苟得的問答；第三記無足與知和的問答。孔子見盜跖全脫胎於《列子·楊朱篇》中子產勸誡他的兄弟的故事。作者極力排斥孔子祖述堯舜、憲章文武的主張，說堯、舜、禹、湯、文武，都是「以利惑其真，而強反其性情，其行乃甚可羞也」，在人事上所謂聖王、賢士、忠臣，都是為利惑真，罹名輕死的人。依人情說，應當盡一生之歡，

窮當年之樂，以保全壽命。生命很短，且多愁苦，若不及時享樂，便枉為人了。所以說：「人上壽百歲，中壽八十，下壽六十，除病瘦死喪憂患，其中開口而笑者，一月之中不過四五日而已矣。天與地無窮，人死者有時。操有時之具，而託於無窮之間，忽然無異騏驥之馳過隙也。不能說其志意，養其壽命者，皆非通道者也。」這全是楊朱的思想。《盜跖》第二、第三兩端排斥儒家的重名，以為君子殉名正與小人殉利一樣，都是變性易情的事。為名利者皆拘於是非善惡，而是非善惡固無一定標準，只在各執所見以是其所是而非其所非。「小盜者拘，大盜者為諸侯。諸侯之門，義士存焉。昔者桓公小白殺兄入嫂，而管仲為臣；田成子常殺君竊國而孔子受幣。論則賤之，行則下之。……故書曰：孰惡孰美？成者為首，不成者為尾。」所以事情不必問曲直，小人君子，都無是處，若能運不滯的圓機，得自然的天極得其環中以應四方，便能得著長生安體樂意的道。「故曰：無為小人，反殉而天。無為君子，從天之理。若枉若直，相而天極，面觀四方，與時消息。若是若非，執而圓機，獨成而意，與道徘徊。無轉而行，無成而義，將失而所為。無赴而富，無殉而成，將棄而天。」這也是從楊朱的思想演繹出來的。

《漁父》借漁父的話來排斥孔子飾禮樂、行仁義、選人倫以化齊民的見解。作者以為人有八疵、四患，雖有禮樂、仁義、人倫，也不能改變過來，不如自己修身守真為妙。八疵者：「非其事而事之，謂之總；莫之顧而進之，謂之佞；希意道言，謂之諂；不擇是非而言，謂之諛；好言人之惡，謂之讒；析交離親，謂之賊；稱譽詐偽，以敗惡人，謂之慝；不擇善否，兩容頰適，偷拔其所欲，謂之險。此八疵

者，外以亂人，內以傷身，君子不友，明君不臣。」「所謂四患者：好經大事，變更易常，以掛功名，謂之叨；專知擅事，侵人自用，謂之貪；見過不更，聞諫愈甚，謂之狠；人同於己則可，不同於己，雖善不善，謂之矜。」儒者不明人有這些劣點，一心去「審仁義之間，察同異之際，觀動靜之變，適受與之度，理好惡之情，和喜怒之節」直如畏影惡跡的人，舉足疾走，走愈遠而跡愈多，走愈疾而影不離，若處陰則影自休，處靜則跡自息了。處陰處靜，便用不著仁義禮樂，因為這些都是世俗所為，隨時可以變易的。聖人守真，故無牽強反性的行為，一切皆出於自然，毫無虛偽。所以說：「真者，所以受於天也，自然不可易也。故聖人法天貴真，不拘於俗。愚者反此，不能法天而恤於人；不知貴真，祿祿而受變於俗。」

　　《讓王》、《盜跖》、《漁父》的內容多是承傳楊朱全性保真的見解，或者是楊朱的後學所作。《說劍》說三種劍，不像莊子或楊子的口氣，卻有陰謀家的意味，恐怕與《莊子》原本沒甚關係。大概因為篇中的主人是莊子，所以把它編入吧。

第五章

秦漢的道家

從《莊子》內容的複雜看來，自戰國末年直到漢初，道家思想幾乎浸潤了各派。最反對道家的儒墨也接受了多少道家的思想。墨子一派的思想與道家的關係比較地淺，然在今本《親士篇》裡有「太上無敗，其次敗而有以成」和「大聖人者，事無辭也，物無違也，故能為天下器」，都有道家的口氣。《禮記》的《中庸》、《禮運》等篇，《易經》的《象、彖傳》、《繫辭傳》，也染著濃厚的道家色彩。《荀子》的《天論》顯是道家的思想；《解蔽》的「至人」，《禮論》的「太一」，都是道家的名詞。即如性惡論也與道家思想有關。《漁父》的八疵四患，也暗示人性本惡的意思。法家的排斥仁義，以人為勢利和私欲的奴隸，也是從道家思想而來，所差的只將道家虛靜無為的消極觀念轉而為積極的治世術而已，《韓非子・主道篇》的「道在不可見，用在不可知，虛靜無事，以暗見疵，見而不見，聞而不聞，知而不知」，是從《老子》十四章「不見」、「不聞」、「不知」所轉出來的治術。又《揚權篇》及《呂氏春秋・審分覽・君守篇》所用的都是道家術語的法家化。《審分覽・任數篇》所出申不害的話：「何以知其聾？以其耳之聰也。何以知其盲？以其目之明也。何以知其狂？以其言之當也。故曰：去聽無以聞則聰；去視無以見則明；去智無以知則公。去三者不任，則治；三者任，則亂。」這明是道家思想。漢代儒法結合，而道家又包容法家，所以漢儒多染黃老色彩。甚至名家也附在道家化的法家裡頭，而被稱為「刑名之學」，或刑名法術之學。[1]

戰國末年道家思想非常普遍，因為這種亂世哲學很適宜於當時的情境。那時道家的著作思想必很多，其思想的斷片如今散見於《呂氏

1　見《史記》《申不害傳》、《商鞅傳》、《張叔傳》。

春秋》裡頭。到漢初淮南王乃集成一部系統的書，名《鴻烈》。從這兩部可以略窺當時道家思想的大概。

甲 《呂氏春秋》及養生說

《史記·呂不韋傳》載不韋為陽翟大賈，秦太子政立，尊他為相國，號稱仲父。當時魏有信陵君，楚有春申君，趙有平原君，齊有孟嘗君，都以下士納客相傾。呂不韋以秦的強而不能禮賢下士為恥，於是也招致食客三千人。又因為當時諸侯所養的士多著書布於天下，不韋便使他的客人各著所聞，以為八覽、六論、十二紀，二十餘萬言，包羅天地萬物古今的事情，名曰《呂氏春秋》。書成，不韋把它陳列在咸陽市上，懸千金於其上，說如有增損書中一字者給千金，至終沒有人能夠改易它。太史公亦稱這書為《呂覽》。事實上這書是當時知識學說的總述，有些只是前人著作的節錄，故《藝文志》把它列入雜家。書中記儒墨道三家的學說特多，具道家思想的為《先識覽》的《察微》，《審分覽》的《君守》、《知度》、《不二》、《執一》，《審應覽》的《精諭》，《似順論》的《有度》、《分職》等篇。這書的編纂時期，在十二紀末篇《序意》裡有「維秦八年，歲在涒灘」的記載，注說「八年，秦始皇即位八年也，歲在申，名涒灘」，可知現在的本子與呂不韋當時所訂的本子差不多。十二月紀恐怕比《禮記》的《月令》還要早。盧文弨說：「《玉海》云《書目》是書凡百六十篇。今書篇數與書目同，然《序意》舊不入數，則尚少一篇。此書分篇極為整齊：十二紀，紀各五篇；六論，論各六篇；八覽，覽當各八篇。今第一覽只七篇，正少一。考《序意》本明十二紀之義，乃末忽載豫讓

一事，與序意不類。且舊校云，一作《廉孝》，與此篇更無涉，即豫讓亦難專有其名，因疑《序意》之後半篇俄空焉。別有所謂《廉孝》者，其前半篇亦簡脫，後人遂強相附合，並《序意》為一篇，以補總數之缺。然《序意》篇首無『六曰』二字，後人於目中專輒加之，以求合其數，而不知其跡有難掩也。」這書的脫漏在這一點上最顯。其次如《有始覽·應同》說五德恐怕是漢人所增改。此外改竄的痕跡極微，可以看為呂氏原本。

儒、墨、法都是經世的法術，道只在自己生活的調護，所以在戰國時代道家有「養生」、「貴生」、「全生」、「衛生」等名詞，對於自己生活的調護至終分出兩條路，一是縱性，一是尊生。如楊朱一流的思想是縱性的一條路。這是要人反到禽獸式的生活，肯定滿足肉體的和感官的欲求是人生的自然狀態。生活無它，享樂而已。這種風氣在戰國時代最盛。當時以這說法為「全生之說」。這當然與倫理和法冶思想相違，故為儒、墨、法諸家所攻擊。如《管子·立政論》說：「全生之說勝，則廉恥不立。」是怕人人縱欲妄行，男女無別，反於禽獸，以致禮義廉恥不能存立，人君無以自守。尊生的思想卻不主張放縱性情，是對於既得的生命加意調護，使得盡其天年。當時以盡天年為壽，即如病死也是橫死，故人當盡力調攝身體，享樂不可過度，然後可以免除病患。尊生的意義，簡單地說便是長生主義。《孟春紀·重己》說：「世之人主，貴人，無賢不肖，莫不欲長生久視，而日逆其生，欲之何益？凡生之長也，順之也；使生不順者，欲也。故聖人必先適欲。室大則多陰，臺高則多陽，多陰則蹷，多陽則痿，此陰陽不適之患也。是故先王不處大室，不為高臺，味不眾珍，衣不輝

熱。燀熱則理塞，理塞則氣不達。味眾珍則胃充，胃充則中大鞔，中大鞔而氣不達。以此長生，可得乎？昔先王之為苑囿園池也，足以觀望勞形而已矣；其為宮室臺榭也，足以辟燥濕而已矣；其為輿馬衣裘也，足以逸身暖骸而已矣；其為飲食酏醴也，足以適味充虛而已矣；其為聲色音樂也，足以安性自娛而已矣。五者，聖王之所以養性也。非好儉而惡費也，節乎性也。」死是不可免的事實，聖人所要的是「終其壽，全其天」[2]，使身心舒適，情欲有節，然後可以得壽。《孟春紀·本生》說：「人之性壽，物者抪之，故不得壽。物也者，所以養性也，非所以性養也。今世之人惑者多以性養物，則不知輕重也，……是故聖人之於聲色滋味也，利於性則取之，害於性則捨之，此全性之道也。世之貴富者，其於聲色滋味也，多惑者日夜求幸而得之則遁焉。遁焉，性惡得不傷？萬人操弓，其射一招，招無不中；萬物章章，以害一生，生無不傷，以便一生，生無不長。故聖人之制萬物也，以全其天也。天全則神和矣，目明矣，耳聰矣，鼻臭矣，口敏矣，三百六十節皆通利矣。此人者，不言而信，不謀而當，不慮而得，精通乎天地，神覆乎宇宙。其於物，無不受也，無不裹也，若天地然。上為天子而不驕，下為匹夫而不惛，此之謂全德之人。貴富而不知道，適足以為患，不如貧賤。貧賤之致物也難，雖欲過之奚由？出則以車，入則以輦，務以自佚，命之曰招蹷之機。肥肉厚酒，務以自強，命之曰爛腸之食。靡曼皓齒，鄭衛之音，務以自樂，命之曰伐性之斧。三患者，貴富之所致也，故古之人有不肯貴富者矣，由重生故也。」又《仲春紀·貴生》引子華子說：「全生為上，虧生次之，死次之，迫生為下。故所謂尊生者，全生之謂，所謂全生者，六欲皆

得其宜也。所謂虧生者，六欲分得其宜也。虧生則於其尊之者薄矣。其虧彌甚者也，其尊彌薄。所謂死者，無有所以知復其未生也。所謂迫生者，六欲莫得其宜也，皆獲其所甚惡者，服是也，辱是也。辱莫大於不義，故不義迫生也。而迫生非獨不義也。故曰迫生不若死。」這裡分生活的等為四。六欲，註解作生死耳目口鼻之欲，生固然是欲；感官的享受也是欲；死有為義的死，有為生無樂趣而自殺的死，亦可以看為一種欲。故六欲皆得其宜，是不貪死，不慕死，不縱情於聲色滋味。尊生須捨去功名富貴，因為這些給人傷生的機緣很大。在戰國時代上流社會的物質享受很豐富，所以有這種反響。

　　由於尊生的理想，進而求生命在身體裡所託的根本。知養生的必然要知道怎樣保護生命的元素。《季春紀・盡數》說：「天生陰陽，寒暑燥濕，四時之化，萬物之變，莫不為利，莫不為害。聖人察陰陽之宜，辨萬物之利以便生，故精神安乎形，而年壽得長焉。長也者，非短而續之也，畢其數也。畢數之務，在乎去害。何謂去害？大甘、大酸、大苦、大辛、大鹹，五者充形，則生害矣。大喜、大怒、大憂、大恐、大哀，五者接神，則生害矣。大寒、大熱、大燥、大濕、大風、大霖、大霧，七者動精，則生害矣。故凡養生，莫若知本。知本則疾無由至矣。」中國古代所推想的生命元素是形、神、精。形是肉體，神是情感，精是環境。生命的維持在乎精氣與形氣的流動，故說「形不動則精不流，精不流則氣鬱」。《恃君覽・達鬱》也說：「病之留，惡之生也，精氣鬱也。」氣是合形神精而成的生命體。古人常以氣息為生命，《莊子・秋水》以氣為從陰陽受得。分開可以說形氣、神氣、精氣。人受陰陽的氣才能生存，故《管子・樞言》說：

「有氣則生，無氣則死。」《季春紀・先己》說：「精氣日新，邪氣盡去，及其天年，此之謂真人。」當時的儒家好像不講氣，而講神、命、心或性。《荀子・天論》說：「形具而神生，好惡喜怒哀樂藏焉。」在《荀子・正名》裡的心與神同義。心有兩個意義：一是官感的主宰，一是情感的元首，也稱為神。從心生出性情，如《正名》說「生之所以然者謂之性。生之和所生，情合感應，不事而自然，謂之性。性之好惡喜怒哀樂，謂之情。」此「生之所以然」便是《中庸》的「天命」。在《荀子・修身》雖有「扁善之度，以冶氣養生，則後彭祖」的文句，但這是用道家的辭和思想，不能看為純儒家的話。儒家所重的是養心，存心養性，或治心的方法，與養生的思想沒有什麼因緣。

養生的方法，總一句話說，便是避免情的激動和氣的受害。由此一變而為調和身心，使生活安適的全生長壽思想。《仲夏紀・適音》說：「樂之務在於和心，和心在於行適。夫樂有適，心亦有適。人之情欲壽而惡夭，欲安而惡危，欲榮而惡辱，欲逸而惡勞。四欲得，四惡除，則心適矣。四欲之得也，在於勝理。勝理以冶身，則生全，生全則壽長矣。」田駢與莊子的齊物論到這時變為不害自然的身心，生命延長到得著知能如天地的理想。《仲春紀・情欲》說「古人得道者，生以長壽，聲色滋味，能久樂之。」人能體道、無欲，像天一樣，故能長壽，壽長然後可以久樂。《季春紀・論人》說「適耳目，節嗜欲，釋智謀，去巧故，而游意乎無窮之次，事心乎自然之涂。若此，則無以害其天矣。無以害其天則知精。知精則知神。知神之謂得一。凡彼萬物，得一後成。故知知一則應物變化，闊大淵深，不可測

也；德行昭美，比於日月，不可息也；豪士時之，遠方來賓，不可塞也；意氣宣通，無所束縛，不可收也。故知知一則復歸於樸，嗜欲易足，取養節薄，不可得也；離世自樂，中情潔白，不可量也；威不能懼，嚴不能恐，不可服也。故知知一則可動作當務，與時周旋，不可極也；舉錯以數，取與遵理，不可惑也；言無遺者，[3]集肌膚，不可革也；讒人困窮，賢者遂興，不可匿也。故知知一則若天地然，則何事之不勝，何物之不應？」能夠得一，就可以應任一切，什麼欲、什麼病都不能侵害，壽命自然也可以長久得像天地一樣。從長壽思想生出彭祖、喬松的放事，[4]進而為不死藥的尋求、唱不死之道[5]的結果便助長了神仙的思想。

乙 《淮南子》及陰陽五行說

淮南子劉安是漢高祖的孫，父為淮南厲王劉長。文帝封安於淮南，使襲父爵。安好讀書、鼓琴，不喜田獵，得百姓愛戴；又廣延賓客，招致方術之士數千人。其中以蘇飛、李尚、左吳、田由、雷被、毛被、伍被、晉昌八人為最著。這八人又稱八公，今安徽壽縣的八公山，《水經注·肥水》說山上有劉安廟，廟中有安及八士的像，廟前有碑，為齊永明十年所建。八公之外，還有大山、小山之徒。劉安與諸人講論道德，總統仁義，而著《鴻烈解》。書的主旨近於老子的淡泊無為，蹈虛守靜，號為「鴻烈」，鴻是大，烈是明的意思，劉向校定，名之為《淮南》。《漢書》說淮南王有《內書》二十一篇，《外書》

3　此句有脫字。
4　見《荀子·修身》，《呂覽·執一》，《秦策》。
5　見《韓非》《說林》，《外儲說》，《楚策》。

三十三篇，《中書》八卷。《外書》與《中書》已亡，今存《內書》二十一篇。這書與《莊子》有密切關係，今本《莊子》的纂集或者也是成於劉安賓客的手。

《淮南》卷末的《要略》把全書各篇的大意總括起來說明其內容。現在把各篇的要旨抄錄在底下。

《原道》者：盧牟六合，混沌萬物，象太一之容，測窈冥之深，以翔虛無之軫；托小以苞大，守約以治廣，使人知先後之禍福，動靜之利害，誠通其志，浩然可以大觀矣。欲一言而寤，則尊天而保真；欲再言而通，則賤物而貴身；欲參言而究，則外物而反情。執其大指以內洽五藏，濿瀡肌膚，被服法則，而與之終身，所以應待萬方，覽耦百變也。若轉丸掌中，足以自樂也。

《俶真》者：窮逐始終之化，嬴垺有無之精，離別萬物之變，合同死生之形，使人遺物反己，審人仁義之間，通同異之理，觀至德之統，知變化之紀，說符元妙之中，通回造化之母也。

《天文》者：所以合陰陽之氣，理日月之光，節開塞之時，列星辰之行，知逆順之變，避忌諱之狹，順時運之應，法五神之常，使人有以仰天承順而不亂其常者也。

《地形》者：所以窮南北之修，極東西之廣，經山陵之形，區川谷之居，明萬物之主，知生類之眾，列山淵之數，規遠近之路，使人通回周備，不可動以物，不可驚以怪者也。

《時則》者：所以上因天時，下盡地力，據度行當，合諸人則，形十二節，以為法式，終而復始，轉於無極，因循仿依，以知禍福，操舍開塞，各有龍忌，發號施令，以時敎期，使君人者知所以從事。

《覽冥》者：所以言至精之通九天也，至微之淪無形也；純粹之入至清也；昭昭之通冥冥也。乃始攬物引類，覽取撟掇，浸想宵類，物之可以喻意象形者，乃以穿通窘滯，決瀆壅塞，引人之意，繫之無極。乃以明物類之感，同氣之應，陰陽之合，形埒之朕，所以令人遠視博見者也。

《精神》者：所以原本人之所由生，而曉寤其形骸九竅取象與天合同，其血氣與雷霆風雨比類，其喜怒與晝宵寒暑並明。審死生之分，別同異之跡，節動靜之跡，以反其性命之宗，所以使人愛養其精神，撫靜其魂魄，不以物易己，而堅守虛無之宅者也。

《本經》者：所以明大聖之德，通維初之道，埒衰世古今之變，以襃先世之隆盛，而貶末世之曲政也。所以使人黜耳目之聰明，精神之感動，摶流遁之規，節養性之和，分帝王之操，列小大之差者也。

《主術》者：君人之事也，所以因作任督責，使群臣各盡其能也。明攝權操柄以制群下，提名責實，考之參伍，所以使人主秉數持要不妄喜怒也。其數直施正邪，外私而立公，使百官條通而輻輳，各務其業，人致其功，此主術之明也。

《繆稱》者：破碎道德之論，差次仁義之分，略雜人間之事，總同乎神明之德，假象取耦，以相譬喻，斷短為節，以應小具，所以曲說攻論，應感而不匱者也。

《齊俗》者：所以一群生之短修，同九夷之風氣，通古今之論，貫萬物之理，財制禮義之宜，擘畫人事之終始者也。

《道應》者：攬掇遂事之蹤，追觀往古之跡，察禍福利害之反，考驗乎老莊之術，而以合得失之勢者也。

《氾論》者：所以箴縷綷縩之間，攕擖昇呪齲之郄也。接徑直

施，以推本樸，而非見得失之變，利病之反，所以使人不妄沒於勢利，不誘惑於事態，有符曬晼，兼稽時勢之變，而與化推移者也。

《詮言》者：所以譬類人事之指，解喻治亂之體也。差擇微言之眇，詮以至理之文，而補縫過失之闕者也。

《兵略》者：所以明戰勝攻取之數，形機之勢，詐諹之變，體因循之道，操持後之論也。所以知戰陣分爭之非道不行也，知攻取堅守之非德不強也。誠明其意，進退左右無所失，擊危乘勢以為資，清靜以為常，避實就虛，若驅群羊，此所以言兵也。

《說山》、《說林》者：所以窍窥穿鑿百事之壅過，而通行貫烏萬物之窒塞者也。假譬取象，異類殊形，以領理人事之意，解墮結細，說捍搏困，而以明事埒事者也。

《人間》者：所以觀禍福之變，察利害之反，鑽脈得失之跡，標舉終始之壇也。分別百事之微，敷陳存亡之機，使人知禍之為福，亡之為得，成之為敗，利之為害也。誠喻至意，則有以傾側偃仰世俗之間而無傷乎讒賊螫毒者也。

《修務》者：所以為人之於道未淹，味論未深，見其文辭，反之以清靜為常，恬淡為本，則懈墮分學，縱欲適情，欲以偷自佚而寒於大道也。今夫狂者無憂，聖人亦無憂；聖人無憂，和以德也；狂者無憂，不知禍福也。故通而無為也，與塞而無為也同，其無為則同，其所以無為則異。故為之浮稱流說其所以能聽，所以使學者孳孳以自幾也。

《泰族》者：橫八極，能高崇，上明三光，下和水土，經古今之道，治倫理之序，總萬方之指而歸之一本，以經緯治道，紀綱王事。乃原心術，理性情，以館清平之靈，澄徹神明之精，以與天和相嬰

薄，所以覽五帝三王，懷天氣，抱天心，執中含和，德形於內。以著凝天地，發起陰陽，序四時，正流方，綏之斯寧，推之斯行。乃以陶冶萬物，游化群生，唱而和，動而隨，四海之內一心同歸。故景星見，祥風至，黃龍下，鳳巢列樹，麟止郊野。德不內形，而行其法藉專用制度，神祇弗應，福祥不歸，四海不賓，兆民弗化，故德形於內，治之大本。此《鴻烈》之《泰族》也。

以上是今本《鴻烈》的大意。說二十一篇，實際只二十篇，因為末篇《要略》不過是前二十篇的提要而已。《要略》在後段也說：「故著書二十篇，則天地之理究矣，人間之事接矣，帝王之道備矣。」這裡可以看出《淮南子》的內容很廣泛，幾乎是戰國至漢諸派思想的總匯。《天文訓》與《時則訓》主於陰陽家的學說。《地形訓》與形方家的說法相近。《主術訓》折衷法家、名家的見解。《繆稱訓》是儒家的，與子思的思想很相同。《修務訓》與《齊俗訓》取農家之言。《兵略訓》為兵家之言，以上幾篇與其他諸篇的中心思想為道家的。漢初一般道家多以黃老並稱，而《淮南》獨尊老莊，可以看這書是傳老莊思想的正宗。老莊並稱初見於《淮南子‧要略訓》在《道應訓》上的話，而《道應訓》的內容又與《韓非》的《喻老》很相近，想是《道德經》古注的一種。在《淮南子》裡引證《道德經》及《莊子》為立論根據的地方很多，又可見作者是傳老莊思想的。《原道訓》的主張全出於《莊子》：其尊天保真，是莊子的根本學說；賤物貴身，是《在宥》等篇的意思；外物反情是《刻意》、《繕性》等篇的主張。綜觀《淮南》全書是以老莊思想為中心來折衷戰國以來諸家的學說，可以看為集漢代道家思想的大成。

《淮南》最古的注有許慎及高誘二家。舊傳《道藏》本有許注羼入，但與高注相混，不易分明。陶方琦疑《原道》以次至《修務》十三篇的注多詳，《繆稱》以下八篇多略，詳者當是許、高注雜混在內，略者必係一家之言。宋蘇魏公《文集》內有《校淮南子》題敘云，《集賢》本卷末前賢題載云：許標其首，皆是閒詁，《鴻烈》之下，謂之記上；高題卷首皆謂之《鴻烈解經》，《解經》之下曰《高氏注》，每篇下皆曰訓，又分數篇為上下。此為二本不同處。《隋、唐書・經籍志》記許慎注二十卷，高誘注二十一卷，《舊唐書》載《淮南商詁》二十一卷（商詁即間詁之訛），高誘注二十一卷；惟《宋史・藝文志》載許慎注二十一卷，高誘注十三卷。今《原道》以次有題篇者適十三篇，大概北宋時高注僅存此數，與蘇魏公所說高注十三篇相符，至於許注二十一卷，乃合高注而言，故知高注篇內必混入許氏殘注。故宋本及《道藏》本並題為漢太尉祭酒許慎記上，而《繆稱》以下八篇全無高注，只存許氏殘說，故注獨簡。陶氏本此以著《淮南許注異同詁》，今《淮南》校本以劉文典先生的《淮南鴻烈集解》為最備。

子 陰陽思想

在《淮南》裡可以看為道家新出的思想便是陰陽五行說。衛生保身是生活的問題，而陰陽五行為宇宙問題。在戰國末年道家都信陰陽五行之說。「陰陽」這名詞初見於《老子》，其次為《易・繫辭傳》、《荀子》、《莊子》、《韓非子》、《呂氏春秋》，凡戰國末年所出的書沒有不見這兩字的。《荀子・王制篇》：「相陰陽，占祲兆，鑽龜陳卦，

主禳擇五卜，知其吉凶妖祥，偃巫跛擊之事也。」在那時的巫覡已能採用陰陽說，足見此說流布的廣。《史記・孟子荀卿傳》說鄒衍說陰陽，衍為西紀元前三世紀的人物，在《孟子》裡未見「陰陽」這辭，可知在孟子時代，這說還不流通，到荀子時代便大行了。後來的儒家甚至也多採用陰陽說。在戰國末或漢初所成的《易・說卦傳》有「立天之道，曰陰與陽；立地之道，曰柔與剛；立人之道，曰仁與義」及「分陰分陽，迭用柔剛」的文句，是以仁義配陰陽。或者孟子還尊孔子的不問聞天道，故單說仁義，但在一般的儒家在宇宙論上已採用了陰陽說，如《禮記・樂記》與《鄉飲酒義》都以陰陽配仁義。漢代於仁義禮智四端加入信的一端，以配五行，於是陰陽與五行二說結合起來。但儒書裡也有單採五行說的。如《洪範》庶徵中說五行而不說陰陽是一個例。《洪範》的體裁很像戰國末年的作品，為《尚書》中最新的一部，大概這書也是注重人生方面，所以忽略了宇宙論的陰陽說罷。自戰國末至漢初，陰陽說漸流行，甚至用來配卦占筮。對於禮的解釋也採用陰陽說，《禮記》中附會陰陽的如《郊特牲》、《禮器》、《祭統》、《儒行》、《鄉飲酒義》等，都是。《大戴記》及《韓詩外傳》亦多見陰陽說，董仲舒的思想也是陰陽化的政治論，此外《墨子》、《管子》、《韓非》都有為後學所加的陰陽說。

　　道家的著作中說陰陽越多的，年代越後。《莊子》的《德充符》、《在宥》、《天地》、《天道》、《天運》等，多半受陰陽說的影響。《莊子》裡越晚的篇章，陰陽這兩字越多見。《淮南》裡頭，陰陽思想更屬重要。我們可以說陰陽說的流行始於西曆紀元前約三世紀之初，而盛於漢代。《呂氏春秋》十二月紀的二、三、七、八月，《仲夏紀》

底《大樂篇》，《季夏紀》的《音律篇》等，都有「陽氣」、「陰氣」的名辭。陰陽是屬於氣的，《莊子・則陽》有「天地者，形之大者也；陰陽者，氣之大者也」的話，《淮南天文訓》「天地之襲精為陰陽，陰陽之專精為四時」，高誘注「襲合也，精氣也」。《莊子・大宗師》，《淮南・俶真訓》、《泰族訓》等篇有「陰陽之氣」的話，通常學說「陰陽」便夠了。宇宙是形質或精氣所成，故《呂氏春秋・有始》說「陰陽材物之精」，《易・繫辭傳》也有「精氣為物」的文句，氣有陰陽，而此陰陽與物質的關係如何就不很明了。在宇宙裡，有明暗、晝夜、男女等等相對的差別，從經驗上說，別為陰陽，本無何等標準，但到後來一切生與無生物都有了陰陽的差別。有時以積極和消極的現象為判別陰陽的標準，例如《天文訓》說：「積陽之熱氣生火，火氣之精者為日。積陰之寒氣為水，水氣之精者為月。」

　　氣，從超越陰陽的現象說，為萬象的根元。這氣也名為精，是萬物所共具，在《呂氏春秋・正月紀》、《十月紀》、《十一月紀》裡有「天氣」、「地氣」，《二月紀》有「寒氣」、「暖氣」，《義賞篇》有「春氣」、「秋氣」，《應同篇》有五行之氣，這都是超越性質的氣。萬物得這氣才能把各個的精彩或特能顯示出來。《呂氏春秋・季春紀・盡數》說：「精氣之集也，必有人也。集於羽鳥，與為飛揚；集於走獸，與為流行；集於珠玉，與為精朗；集於樹木，與為茂長；集於聖人，與為夐明。」氣在物體裡頭，無論是生物或無生物，都能發揮其機能或能力，故一切各有其特殊的氣，從性質說，氣有陰陽的分別。但這分別毫不含有倫理的或宗教的意義，鬼神、男女、善惡、生死等等，雖有陰陽的差異，在起頭並沒有什麼輕重。在《淮南子》時代，

對於宇宙生成的神話好像有兩種，一是天地剖判說，一是二神混生說。前一說是渾沌初開，氣輕清者為天，氣重濁者為地的見解，《詮言訓》說：「洞同天地，渾沌為樸，未造而成物，謂之太一。同出於一，所為各異。有鳥，有魚，有獸，謂之分物。方以類別，物以群分，性命不同，皆形於有，隔而不通，分而為萬物，莫能及宗。」宇宙一切的事物都從太一剖判出來，故陰陽是從太一或太極分出的，《呂氏春秋・仲夏紀・大樂》說：「太一出兩儀，兩儀出陰陽。」又說：「萬物所出，造於太一，化於陰陽。」《易・繫辭傳》也說：「易有太極，是生兩儀。」《禮記・禮運》說：「夫禮本於太一，分而為天地，轉而為陰陽，變而為四時，列而為鬼神。」這雖是解釋《荀子》裡的話，卻也源於道家的名詞。這「一」字是道家所常用，有渾沌的意思。《天文訓》說：「天地未形，馮馮翼翼，洞洞灟灟，故曰太昭。道始於虛霩，虛霩生宇宙，宇宙生氣，氣有涯垠，清陽者薄靡而為天，重濁者凝滯而為地。清妙之合專易，重濁之凝竭難，故天先成而地後定。天地之襲精為陰陽，陰陽之專精為四時，四時之散精為萬物。積陽之熱氣生火，火氣之精者為日。積陰之寒氣為水，水氣之精者為月。日月之淫為精者為星辰。天受日月星辰；地受水潦塵埃。」二神混生說，如《精神訓》說：「古未有天地之時惟[6]象無形，窈窈冥冥，芒芠漠閔，鴻蒙鴻洞，莫知其門。有二神混生，經天營地，孔乎莫知其所終極，滔乎莫知其所止息，於是乃別為陰陽，離為八極，剛柔相成，萬物乃形。煩氣為蟲，精氣為人。是故精神，天之有也；而骨骸者，地之有也。精神入其門，而骨骸反其根，我尚何存？是故聖人法天順情，不拘於俗，不誘於人，以天為父，以地為

6　「惟」俞樾云乃「悗」字之誤，隸書罔字或作悗，故悗與惟相似而誤也，悗象即罔象也。

母，陰陽為綱，四時為紀。天靜以清，地定以寧，萬物失之者死，法之者生。」高誘注：「二神，陰陽之神也；混生，俱生也。」這是陰陽二氣。至於男女兩性，在《淮南》別篇裡還有一個化生者。《說林訓》說：「黃帝生陰陽；上駢生耳目；桑林生臂手；此女媧所以七十化也。」女媧七十化不詳。黃帝，高誘注說「古天神也。始造人之時，化生陰陽。上駢、桑林，皆神名。」相傳女媧也搏土為人，依這裡的說法，兩性是黃帝所化生。個人身中也有陰陽，最主要的便是魂魄。《主術訓》說：「天氣為魂，地氣為魄，反之元房，各處其宅。守而勿失，上通太一。太一之精，通於天道。天道元默，無容無則，大不可極，深不可測，尚與人化，知不能得。」《易·繫辭傳》「一陰一陽之謂道」也是一樣的意思。

陰陽在創物的事功上有同等的地位。一切事物都具有這二氣，故《荀子·禮論》說：「天地合而萬物生，陰陽接而變化起。」《易》的八卦互合而為六十四卦也是本著這個原則而來。陰陽相互的關係有並存的與繼起的兩種。並存說是從生物上兩性接合的事情體會出來，如上頭所引《禮論》的文句，便是這個意思。《呂氏春秋·正月紀》、《易》泰卦《象傳》、《淮南·本經訓》等，都有天氣下降，地氣上騰，天地和合而後萬物化生的見解。陰陽的感應有同類相引，異類相合的現象。《呂氏春秋·審分覽·君守》說「以陽召陽，以陰召陰」，《覽冥訓》說「陰陽同氣相動」，是相引的現象。《覽冥訓》又說：「至陰飂飂，至陽赫赫，兩者交接成和而萬物生焉。眾雄而無雌，又何化之所能造乎？」這是異類相合的說法。繼起說以陰陽性質相反恰如男女，故時常現出調和與爭鬥的現象。陰陽二氣有這現象，才有生出萬

物。若二氣配合則極平等，萬物便沒有特別的性質，一切都成一樣了。《韓非・解老》說：「凡物不并盛，陰陽是也。」這恐怕是漢初的說法。又，陰陽有動靜開閉的現象，如《莊子・天道》及《刻意》說：「靜與陰同德，動與陽同波。」《原道訓》也說：「與陰俱閉，與陽俱開。」故動是陽的，靜是陰的，開是陽的，閉是陰的，動靜開閉不能並存，故有繼起與相勝的現象。《呂氏春秋・仲春紀》說仲春行冬令則陽氣不勝，注說因為陰氣乘陽，故陽氣不勝。陰陽在四時的次序上有一定的配置，時令不依次序則陰陽氣必因錯亂而相爭鬥。仲夏與仲冬是陰陽相爭的月分，一年之中二氣的強弱都從這兩個月分出來。晝夜的循環，寒暑的更迭，便是陰陽繼起的關係。這也可以名為陰陽消長說。《月令》與《呂氏春秋・十二月紀》便是本著這觀念而立的說法。在《荀子・天論》裡已有消長的觀念，如「列星隨旋，日月遞炤，四時代御，陰陽大化，風雨博施，萬物各得其和以生，各得其養以成」，便是這說法。這思想是戰國末年成立的思想。陰陽消長與時間變化的關係，大概是由於生物現象由發生以至老死的觀念所暗示。動的、生的，屬於陽；靜的、死的，屬於陰，故生物在時間上有陰陽的分別。《呂氏春秋・季春紀・圜道》說：「物動則萌，萌則生，生則長，長則大，大而成，成乃衰、衰乃殺，殺乃藏，圜道也。」顯明表示生物在時間上有動靜的現象。《恃君覽・知分篇》說得更明白：「夫人物者，陰陽之化也。陰陽者，造乎天而成者也。天固有衰嗛廢伏，有盛盈蚡息，人亦有困窮屈匱，有充實達遂。此皆天之容物理也，而不得不然之數也。」

陰陽說本與道家思想不很調和，道家把它與自然無為連結起來，

成為本派的宇宙觀。《莊子·知北遊》說「陰陽四時，運行各得其序」，與《天運》的「調理四時，太和萬物，四時迭起，萬物循生，一盛一衰，文武經綸，一清一濁，陰陽調和」都是與無為結合起來的說法。《原道訓》的「和陰陽，節四時，而調五行」，也是從無為的觀點說。四時的運行是因陰陽的變化，如《莊子·則陽》說「陰陽相照，相蓋，相治；四時相代，相生，相殺」，都是道的表現。道家承認事物變化的現象，但對於變化的理由與歷程自派卻沒有說明，只採陰陽說來充數。《俶真訓》起首說陽陰未分的境地，與《詮言訓》所說的太一，究竟是將陰陽化生萬物底說法附在道上頭。《本經訓》說：「帝者體太一，王者法陰陽，霸者則四時，君者用六律。秉太一者，牢籠天地，彈壓山川，含吐陰陽，伸曳四時，紀綱八極，經緯六合，覆露照導，普泛無私，蠉飛蠕動，莫不仰德而生。陰陽者承天地之和，形萬殊之體，含氣化物，以成埒類，贏縮卷舒，淪於不測，終始虛滿，轉於無原。四時者，春生，夏長，秋收，冬藏；取予有節，出入有時；開闔張歙，不失其敘；喜怒剛柔，不離其理。六律者，生之與殺也，賞之與罰也，予之與奪也，非此無道也，故謹於權衡準繩，審乎輕重，足以治其境內矣。是故體太一者：明於天地之情，通於道德之倫，聰明耀於日月，精神通於萬物，動靜調於陰陽，喜怒和於四時，德澤施於方外，名聲傳於後世。法陰陽者：德與天地參，明與日月並，精與鬼神總，戴圓履方，抱表懷繩；內能治身，外能得人；發號施令，天下莫不從風。則四時者：柔而不脆，剛而不韃，寬而不肆，肅而不悖，優柔委從，以養群類，其德含愚而容不肖無所私愛。用六律者：伐亂禁暴，進賢而退不肖，扶撥以為正，壞險以為平，矯枉以為直，明於禁舍開閉之道，乘時因勢，以服役人心也。」

這又是把太一、陰陽、四時、六律順序配合帝王霸君統治下的四等政治，顯然是太一高於陰陽，陰陽高於四時，四時高於六律的意思。六律或者包括禮樂在內。從生生的程序看來，萬物皆從一而生。被疑為後來補入的《老子》四十二章的「道生一，一生二，二生三，三生萬物」和「萬物負陰而抱陽，沖氣以為和」，在《天文訓》裡解說：「道始於一，一而不生，故分而為陰陽，陰陽和合而萬物生。故曰：一生二，二生三，三生萬物。」《淮南》裡也未解明為什麼是這樣生法。

在陰陽說上，道家採用來說明性情的是屬於陰靜的一點。萬物變化為無思、無慮、無欲、無為的自然歷程，故應守以虛靜。《說林》說：「聖人處於陰，眾人處於陽。「陽是活動，活動是有所作為，故聖人不處。此外與養生說也有關係。生所以能和順是因陰陽的調和。《泰族訓》說「陰陽和而萬物生。」《俶真訓》說：「聖人呼吸陰陽之氣，而群生莫不顒顒然仰其德以和順」嗜欲情感不要過度，因為這和自然現象裡的四時不調和一樣足以傷身害生。四時不調，必有災異；情欲不和，必有疾病；這都是陰陽不調和所致。陰陽現象本無何等善惡的關係，後人以善屬於陽，惡屬於陰是不合道家思想的。

丑 五行說

自齊威王、宣王的時代，稷下鄒衍之徒論著終始五德之運，五行玄學漸次流行於各派思想中間。這思想的根本是以宇宙一切的現象有一定的秩序，都受必然的法理，所謂五行所支配。五行是金、木、水、火、土。這五種物質，自然是人生所必須的，故在未經稷下學者說過以前，或者沒有何等玄學意義。後來用這五種物質附在星名上，

因占星的關係而產生五行說。在《尚書‧甘誓》有「有扈氏威侮五行，怠棄三正」的句。三正，前人改為天地人之正道，依新城先生的研究，說是春秋中葉以後所起的曆法。[7]在用周正以後，春秋後期有所謂三正論。至春秋末期，更進一步取五行為五德終始說而為三正循環論。戰國時代以古代日用五要素的基配合新知的五星，而成立新的五行說。《皋陶謨》的「撫於五辰」，《春秋繁露》的「天有五行」，都是指五星而言。邵康節《皇極經世書》說：「五星之說，自甘公、石公始。」劉向《七錄》說：「甘公，楚人，戰國時，作《天文星占》八卷。」又「石申，魏人，戰國時作《天文》八卷。」看來，觀測五星的元祖為甘公、石公。他們是占星家，以五星的運行與人間的水旱凶豐有必然的關係，於是開導了五行說。五行說的重要應用，為五德終始說，戰國時代的相勝說與漢代的相生說合起來，便成五行玄學。據現代研究的結果，五行各以其優勢支配萬物的見解，傳於文字的當以《呂氏春秋‧十二月紀》所說的為最古。《禮記月令》是取自《呂子》的。五行有性與質的兩方面：屬於性的，在《呂氏春秋‧有始覽‧名類》裡有「木氣」、「火氣」的名稱；屬於質的，如《淮南‧泰族訓》的說法。《泰族訓》與《洪範》一樣，在五行之外加穀為六府。《呂子‧似順論‧處方》以金木水火的性質不同，說「金木異任，水火殊事」，也是從物質應用的方面說。自五星的知識發展，便將天地一切的原理都納在裡頭，將一切事物配置起來，例如《呂子‧十二月紀》以五行配五帝；《管子‧五行》以之配官職，《四時》以之配日月星辰、氣血骨甲等，《地員》以之配五音等。甚至不能配得恰當的也強配上，例如以五行配四方，強加入中央土；配四季強以夏

7　新城新藏：《干支五行說與顓頊曆》。(《支那學》第二卷六號七號。)

季為土，黃色。到漢代，五行的分配更多，董子對策，以五行配仁義禮智信，實為最牽強的分配法的例。在理論的應用方面。如《地形訓》以五方說民俗物產的差異，《本經訓》以天下亂的原因是由於五遁，都是。

五行有相生相剋的現象，故歷代帝王以五行之德王天下。崔述《考信錄》疑相勝說始於鄒衍，相生說始於劉向、劉歆。但在《天文訓》與《地形訓》裡以五行有一定的秩序，終始循環，各有生壯老死的變化，故相生的觀念必然隨著相勝而起。生剋等於陰陽消長的現象，故《天文訓》強分一年為五分，於蒼龍、白虎、朱鳥、玄武之外加上中央的黃龍。陰陽五行說的相生相剋與天上五星經行的位置有關，這從《呂子‧有始》和《淮南‧天文訓》可以看出來。《天文訓》說冬至為陰氣極，陽氣萌，夏至為陽氣極，陰氣萌；又說「日冬至則水從之，日夏至則火從之」。以下接著說五行相勝，影響於時序人事上的理。《天文訓》說「水生木，木生火，火生土，土生金」，《地形訓》裡說：「木勝土，土勝水，水勝火，火勝金，金勝木⋯⋯木壯，水老，火生，金囚，土死；火壯，木老，土生，水囚，金死；土壯，火老，金生，木囚，水死；金壯，土老，水生，火囚，木死；水壯，金老，木生，土囚，火死。」相生相剋的現象，細說起有壯老、生囚、死五個程序。這程序是互相更代的，實在是消極與積極的關係。《兵略訓》說：「奇正之相應，若水火金木之代為雌雄也。」有雌雄然後顯出生剋的現象，所以在《漢書‧五行志》裡說五行的牝牡關係。

相生相剋說以為五行之氣依序而生，像四季的循環一樣。從經驗

說，這不能認為必然的關係與順序。五行之氣，各在其分量和活動的範圍內保持獨立的狀態，一與他氣接觸便現生剋作用。生剋作用，不能說木定能剋土，火定能勝金，或火定能生土，土定能生金，此中有強弱和中和的清形。故《說林訓》說：「金勝木者，非以一刃殘林也；土勝水者，非以一墣塞江也。」不但如此，五行中各相混雜，像粟得水，到發芽的程度會生熱，甑得火會出蒸氣，是「水中有火，火中有木」的原故。

　　在生物界裡，五行只造成體質，與魂魄沒有什麼關係。譬如人死之後，形體各歸五行，而魂魄卻不屬於任何行。《精神訓》與《主術訓》以魂為天氣所成，魄為地氣所成，《禮記・郊特牲》說人死時，「魂氣歸於天，形魄歸於地」。若說魂魄終要歸入五行，必是間接從天地之氣還原，但當時的五行家沒說到這一點。《關尹子・四符篇》以精配水，魄配金，神配火，魂配木，乃是後起的說法。中國的五行說與印度的四大說的不同便在這裡。

第六章

神仙的信仰與追求

道家的養生思想，進一步便成為神仙信仰。神仙是不死的人，求神仙便是求生命無限的延長。這說本與道家全天壽的見解不調和，因為養生說者有養形養神的主張和道與天地同體無始無終的說法，所以與神仙的資格很合。又，道家文學每多空想，或假託古人神人，也容易與神仙家的神仙故事結合起來。

神仙信仰的根源當起於古人對於自然種種神祕的傳說。如《山海經》裡所記的山神水怪都留著自然神話的影子。又如《楚辭》的《離騷》、《九歌》、《天問》等篇，都顯示著超人間生活的神仙意識。那種超人是不老不死，不為物累，遊息自在，無事無為，故為道家所羨慕。在《老子》裡，稱理想的人格為「聖人」，《莊子》稱之為「至人」、「神人」、「真人」，從名稱上可以看出道家的超人思想漸次發展的歷程。聖人是在人間生活的，至人、神人、真人便超脫人間，所謂游於「方外」或「物外」的人。道家採取民間傳說中的超人或神仙生活來做本派理論的例證，當時的小說家與賦家也同樣地用那些故事來做文章，還未形成求神仙的可能的信仰。到方士出來唱導，而產出所謂神仙家，於是求不死藥、求神仙的便盛起來。

當戰國齊威王、宣王的時代，神仙信仰的基礎已經穩定，齊人鄒衍於是將它造成陰陽消息、五德終始的理論以遊說諸侯。現存的鄒衍的思想斷片見於《論衡‧談天》、《鹽鐵論‧論鄒》及《史記》。《史記‧孟軻傳》記鄒衍的事蹟說：

鄒衍睹有國者益淫侈，不能尚德，若大雅整之於身，施及於黎庶矣，乃深觀陰陽消息而作怪迂之變，終始大聖之篇十餘萬言。其語閎

大不經，必先驗小物，推而大之，無於無垠。失序今以上至黃帝學者所共術大並世盛衰，因載其機祥度制，推而遠之，至天地未生，窈冥不可考而原也。先列中國名山大川，通谷禽獸，水土所殖，物類所珍，因而推之，及海外，人之所不能睹。稱引天地剖判以來，五德轉移，治各有宜，而符應若茲。以為儒者所謂中國者，於天下乃八十一分居其一分耳。中國名曰赤縣神州。赤縣神州自有九州，禹之序九州是也，不得為州數。中國外如赤縣神州者九，乃所謂九州也。於是有裨海環之，人民禽獸莫能相通者，如一區中者，乃為一州。如此者九，乃有大瀛海環其外，天地之際焉，其術皆此類也。然要其歸，必止乎仁義節儉，君臣上下六親之施始也濫矣。王公大人初見其術，懼然顧化，其後不能行之。是以鄒子重於齊。適梁，惠王郊迎，執賓主之禮；適趙，平原君側行襒席；如燕，昭王擁彗先驅，請列弟子之座而受業，築碣石官，身親往師之，作《主運》。其游諸侯，見尊禮如此，豈與仲尼菜色陳蔡，孟柯困於齊梁同乎哉？

　　從這段話看來，求神仙的最初步驟是先找到神仙所住的地方。在戰國末，天文地理的知識發達，鄒衍一方面從自然現象的變化附會陰陽五行說以說明人間的命運，一方面依所知的地理以尋求仙人住處，方士及文學之士又增益許多怪異的說法，仙人與不死藥的信仰因此大大地流行，到秦始皇，更為隆盛。《史記・封禪書》說：

　　自齊威、宣之時，鄒子之徒論著終始五德之運，及秦帝而齊人奏之，故始皇採用之。而宋毋忌、正伯僑、充尚、羨門子高，最後皆燕人，為方仙道，形解銷化，依於鬼神之事。鄒衍以《陰陽》、《主運》顯於諸侯，而燕齊海上之方士傳其述不能通，然則怪迂阿諛苟合之徒

自此興，不可勝數也。自威、宣、燕昭使人入海求蓬萊、方丈、瀛州，此三神山者，其傳在勃海中，去人不遠；患且至，則船風引而去。蓋嘗有至者，諸仙人及不死之藥皆在焉。其物禽獸盡白，而黃金銀為宮闕，未至，望之如雲；及到，三神山反居水下。臨之，風輒引去，終莫能至雲。世主莫不甘心焉。及至秦始皇並天下，至海上，則方士言之不可勝數。始皇自以為至海上而恐不及矣，使人乃齎童男女入海求之。船交海中，皆以風為解，曰：「未能至，望見之焉。」其明年始皇復游海上，至琅邪，過恆山，從上黨歸，後三年游碣石，考入海方士，從上郡歸。後五年，始皇南至湘山，遂登會稽並海上，冀遇海中三神山之奇藥。不得，還至沙丘，崩。

始皇到處封禪，求不死之藥，可以說最熱心求神仙的第一人。漢武帝時，這信仰更加發展，直到漢末張道陵之徒採神仙家的信仰以立道教。魏晉以後，神仙的尋求乃成為道士所專的事業。但在神仙說初行的時候，也有一派只以神仙、仙山或帝鄉來寄託自己的情懷，不必信其為必有，或可求的。這派可以稱為騷人派。騷人思想實際說來也從神仙思想流出，而與道家的遐想更相近。《楚辭》裡如「漠虛靜以恬愉兮，澹無為而自得」：「下崢嶸而無地兮，上寥廓而無天；視倏忽而無見兮，聽惝恍而無聞；超無為以至清兮，與泰初而為鄰」，都含著很深沉的道家思想。在《離騷》裡充分表現道家化的騷人思想。漢初賈誼之《弔屈原》、《鵩鳥賦》，取意於《莊子》，還帶著悲觀的騷人情調，但到了司馬相如便從愁怨變為蕭灑出塵之想了。

神仙住處在典籍上，以《列子》所載的為最多。青木先生說神仙說的發展可以分為地仙說與天仙說兩種，而地仙說更可分為山嶽說與

海島說。[1]山嶽說以仙山為在西方的山嶽中，以崑崙山為代表。海島說以為在勃海東的海中神山。神仙住在山上，原於中國古代以山高與天接近，大人物死後，靈魂每歸到天上，實也住在山頂。《山海經》稱崑崙說是「帝之下都」，其餘許多山都是古帝的臺。神仙思想發達，使人想著這種超人也和古帝一樣住在山上。故神仙住在山嶽上比較海上及天上的說法更古。在《楚辭》、《莊子》、《山海經》所記的神仙都是住山嶽的。到齊威、宣以後才有海上神山的說法。海上神山不能求得，乃漸次發展為住天上的說法。可以說自漢代以後才有升仙的故事。

《列子》所記的神仙故事，可以看出秦漢人先從神人住處再發展到不死國的追求。神人住處，只是理想國，不必是真境，如化人宮、華胥國、終北國、列姑射山是。神仙住處，是不死國人以為實有其地，可以求到的。

一、化人之宮　這記載在《周穆王》第一段。

周穆王時，西極之國有化人來，入水火，貫金石，反山川，移城邑，乘虛不墜，觸實不硋，千變萬化，不可窮極，既已變物之形，又且易人之慮。穆王敬之若神，事之若君，推路寢以居之，引三牲以進之，選女樂以娛之。化人以為王之宮室卑陋而不可處；王之廚饌腥螻而不可饗；王之嬪御膻惡而不可親。穆王乃為之改築，土木之功，赭堊之色，無遺巧焉。五府為虛，而臺始成，其高千仞，臨終南之上，號曰中天之臺，簡鄭衛之處子，娥媌靡曼者，施芳澤，正娥眉，設笄

1　青木正兒：《神仙說ガラ見左例子》。(《支那學》第二卷第一號)

珥，衣阿錫，曳齊紈，粉白黛黑，佩玉環，雜芷若，以滿之；奏《承雲》、《六瑩》、《九韶》、《晨露》以樂之。月月獻玉衣，旦旦薦玉食，化人猶不捨然，不得已而臨之。居亡幾何，謁王同遊。正執化人之袪，騰而上者中天乃止。暨及化人之宮。化人之宮，構以金銀，絡以珠玉，出雲雨之上而不知下之據，望之若屯雲焉，耳目所視聽，鼻口所納嘗，皆非人間之有。王實以為清都、紫微、鈞天、廣樂，帝之所居。王俯而視之，其宮榭若累塊積蘇焉。王自以居數十年不思其國也。化人復謁王同游，所及之處，仰不見日月，俯不見河海。光影所照，王目眩不能得視；音響所來，王耳亂不能得聽。百骸六臟，悸而不凝，意迷精喪，請化人求還。化人移之，王若殞虛焉。既寤，所坐猶向者之處；侍御猶向者之人；視其前，則酒未清，肴未晞。王問所從來。左右曰：「王默存耳。」由此，穆王自失者三月，而復更問化人。化人曰：「吾與王神遊也，形奚動哉？且曩之所居，奚異王之宮？曩之所游，奚異王之圃？王閒恆疑，暫亡變化之極，疾徐之間，可盡模哉？」

這是精神遊於天上的仙鄉的例。實際地說，不過是方士的幻術，因與道家遠遊的思想相合，故作者採為穆王周遊的引子。這故事恐怕是經過魏晉間的創作。文體也不很早，絕不像出於秦漢人的手。

二、華胥國　華胥國的故事性質也與化人宮相似，記黃帝做夢遊到那裡。作者藉神仙家說來描寫道家的理想國。在《老子》的小國寡民主義和《莊子・山木》的建德之國的理想上，華胥國加上神仙的氣味，《黃帝篇》說黃帝的夢遊說：

華胥氏之國在弇州之西，臺州之北，不知斯齊國幾千萬里，蓋非舟車足力之所能及，神遊而已。其國無帥長，自然而已；其民無嗜欲，自然而已。不知樂生，不知惡死，故無夭殤，不知親己，不知疏物，故無愛憎。不知背逆，不知向順，故無利害。都無所愛憎，都無所畏忌，入水不溺，入火不熱，斫撻無傷痛，指擿無痟癢，乘空如履實，寢虛若處床。雲霧不硋其視，雷霆不亂其聽，美惡不滑其心，山谷不躓其步，神行而已。黃帝既寤，怡然自得，召天老、力牧、太山稽告之曰：「朕閒居三月，齋心服形，思有以養身治物之道，弗獲其術，疲而睡，所夢若此。今知至道不可以情求矣。朕知之矣，朕得之矣，而不能以告若矣！」又二十有八年，天下大治，幾若華胥氏之國，而帝登假，百姓號之，二百餘年不輟。

黃帝升天之說始於漢代，大概是在道家推尊他為教祖以後。在戰國時代想必有許多假託黃帝的書，故在《列子》裡常見「黃帝之書曰」的引句。漢初黃老道確立，對於黃帝的神話也隨著創造出來。華胥國可以看為漢代道家的理想。

三、終北國　《湯問篇》說禹曾到此國，周穆王也到過。這國的清形是：

濱北海之北，不知距齊州幾千萬里，其國名曰終北，不知際畔之所齊限。無風雨霜露，不生鳥獸蟲魚草木之類。四方悉平，周以喬陟。當國之中有山。山名壺領，狀若甂甀，頂有口，狀若員環，名曰滋穴，有水湧出，名曰神瀵，臭過蘭椒，味過醪醴。一源分為四，埒注於山下，經營一國，亡不悉遍，土氣和，亡札厲。人性婉而從物，

不競不爭，柔而弱骨。不驕不忌，長幼儕居，不君不臣。男女雜游，不媒不聘。緣水而居，不耕不稼。土氣溫適，不織不衣。百年而死，不夭不病。其民孳阜，亡數有喜樂，亡衰老哀苦。其俗好聲，相攜而迭謠，終日不輟音。飢惓則飲神瀵，力志和平，過則醉，經旬乃醒。休浴神瀵，膚色脂澤，香氣經旬乃歇。

終北的人民所過的是極自然的生活，但到時候也會死。神瀵不是不死藥，只是一種生命酒。這國人沒有衰老哀苦，只有生死，還保存著純粹的道家理想。

四、列姑射山　從《莊子·逍遙遊》裡「藐姑射之山有神人居焉」一句看來，姑射山在很早的時候已被看為神人居住的處所。《山海經》記姑射已有海陸二處。《東山經》記姑射、北姑射、南姑射三山；《海內北經》記列姑射及姑射國。郝懿行《山海經箋疏》以《莊子》所云藐姑射之山在汾水之陽，而列姑射則在海河洲中。這可以看為從山嶽說移到海島說的例。《黃帝篇》說：

列姑射山在海河洲中。山上有神人焉，吸風飲露，不食五穀，心如淵泉，形如處女。不偎不愛，仙聖為之臣。不畏不怒，願慤為之使。不施不惠，而物自足。不聚不斂，而己無愆，陰陽常調，日月常明，四時常若，風雨常均，宇育常時，年穀常豐，而土無札傷，人無夭惡，物無疵癘，鬼無靈響焉。

這也是從道家思想創造出來的。總以上諸處的清況說來，那裡的土地是很豐裕，氣候是極其和適。飲食男女之事未嘗沒有，不過順自然的要求而行便了。那裡的人物個個像處子一樣，沒有衰老疾病愁苦

的事，隨意所適，上天入地都很自在。沒有社會國家，沒有上下尊卑，人人都不受任何拘束和裁制。活到天年完盡的時候也就物化了。嚴格說來，這還不是仙鄉，因為仙鄉必有不死藥，只有生而無死。神仙信仰發展後，方士才認定在地上確有仙人住處，不像從前的空想了。這實在的仙鄉不在天上而在離人間遙遠的地方，最著名的是崑崙山與勃海中的三神山。此中，崑崙的故事恐怕是仙鄉最古的傳說。

一、崑崙山　《周穆王》說穆王聽化人的話，一意求仙，「不恤國事，不樂臣妾，肆意遠遊。命駕八駿之乘，右服驊騮而左綠耳，右驂赤驥而左白㸚。主車則造父為御，䯈奔為右。次車之乘，右服渠黃而左逾輪，左驂盜驪而右山子。柏夭主車，參百為御，奔戎為右。馳驅千里，至於巨蒐之國。巨蒐鬼氏乃獻白鵠之血以飲王，具牛馬之潼以洗王之足及二乘之人。已飲而行，遂宿於崑崙之阿，赤水之陽。別日升崑崙之丘，以觀黃帝之宮而封之以治後世。遂賓於西王母，觴於瑤池之上。西王母為王謠，王和之，其辭哀焉。乃觀日之所入，一日行萬里。王乃嘆曰：於乎！予一人不盈於德而諧於樂，後世其追數吾過乎？」

這記載與《穆天子傳》差不多。穆王駕八駿周遊天下的傳說，也見於《楚辭‧天問》「穆王巧梅，夫何為周流？環理天下，夫何索求？」可見這傳說在騷人時代已從北方傳到南方。西王母所住的地方本與崑崙無涉，《莊子‧大宗師》記在崑崙的神名堪壞[2]，而西王母所住的是少廣。少廣，注說「司馬云穴名，崔云山名，或西方空界之名」。《山海經‧西山經》說西王母所住的是玉山，王山在崑崙之西，

2　堪壞：《淮南‧齊俗訓》作鉗且，又作欽負，欽碼。參莊逢吉《淮南箋釋》卷十一，十一頁。

亦名群玉山。《海內北經》「西王母梯幾而戴勝杖。其南有三青鳥，為西王母取食，在昆侖虛北」，《淮南子‧地形訓》「西王母在流沙之瀕」，是指西王母石室所在，也與崑崙無關。西王母的原始形狀也不是神仙，只是一種山怪，《山海經‧西山經》說它的形狀如人，豹尾、虎齒、善嘯、蓬髮、戴勝，居洵水之涯，司天災及五殘。其次，有以西王母為西方的國名的，例如《爾雅‧釋地》說：「觚竹，北戶，西王母，日下，謂之西荒。」以西王母為女仙，大概是道教成立以後，魏晉時代的說法。《洞冥記》及《漢武內傳》都是魏晉間的作品，故所記西王母與漢武帝的關係都是很晚的話。在魏晉間更以東王公與西王母對待[3]，以他們為男女仙的領袖，如《神異經》及《拾遺記》所記都是當時的道士所造出的。

關於崑崙山，記得最詳的或者是《淮南‧地形訓》，及《山海經‧西山經》及《海內西經》。《地形訓》說：「掘崑崙山虛以下，地中[4]有增城九重，其高萬一千里，百十四步二尺六寸。上有木禾，其修五尋：珠樹、玉樹、琁樹、不死樹，在其西；沙棠、琅玕，在其東；絳樹在其南；碧樹、瑤樹，在其北。旁有四百四十門，門間四里，里間九純，純丈五尺。旁有九井，玉橫維其西北之隅。北門開以內不周之風。傾宮、旋室、縣圃、涼風、樊桐，在崑崙閶闔之中，是其疏圃。疏圃之池，浸之黃水。黃水三周復其原，是謂丹水，飲之不死。河水出崑崙東北陬，貫勃海入禹所導積石山。赤水出其東南陬，西南注南海丹澤之東。赤水之東，弱水出自窮石至於合黎，余汲入於流沙；絕流沙，南至於海。洋水出其西北陬，入於南海羽民之南。凡

3 西王母會東王公見武梁祠石刻。
4 地或作池，前人每以「下地」或「下池」為句，似欠解。

四水者，帝之神泉，以和百藥，以潤萬物。崑崙之丘，或上倍之，是謂涼風之山，登之而不死；或上倍之，是謂縣圃，登之乃靈，能使風雨；或上倍之，乃維上天，登之乃神，是謂太帝之居。」

《山海經》所記的與上頭所引差不多，不必盡錄。此地說掘崑崙虛以下，地中有增城九重，再高起來。對於九重城的高，《楚辭‧天問》還未說明，也許是後來的想像。山上有木禾，圍著種種寶樹，還有四百四十道門。木禾旁邊有九口井，西北角懸著受不死藥的玉橫。玉橫或是玉鑵。這裡可注意的，是不是古代傳說裡，人死後所到的九泉便是這九口井或井外的九條泉水？九泉是否生命泉也有研究的價值。九泉在什麼地方，歷來沒人說過，但知其中或者有一條名為黃泉。依《莊子‧秋水》「彼方蹠黃泉而登大皇」的意義看來，黃泉是一個登天的階級，前面說掘崑崙虛以下，得著這樣的高丘，上頭有九口井，還有黃水、丹水。《左傳》隱公元年穎考叔教鄭莊公掘地為黃泉以會母，也暗示這泉是在地中。或是從地中的水源流出，而諸水的總源是黃泉也不可知，《海內西經》未記黃水，只出赤水、河水、洋水、黑水、弱水、青水的名；《西山經》以四水注入四水，說河水注於無達，赤水注於氾天，洋水注於醜塗，黑水注於大柾。如將《西山經》的八水加入總源黃水，那便成為九泉了。黃水三周復其原為丹水，是黃水與丹水無別，具要掘地然後能見，其餘八水之源或者也在地下。自然，所謂地下也是象徵的，因為是從崑崙上掘下去，雖名為下，實在是上。扁鵲受長桑君的藥，和以上池的水，上池是否即是黃水？黃水既又名丹水，後來道士的不死藥名為「丹」，是否也從丹水而來？都是疑問。大概人死，精靈必到這泉或九泉住，到神仙思想發

達，便從鬼鄉變為仙鄉，或帝鄉，以致後人把在崑崙的九井黃泉忘掉。中國古傳黃帝之胄來自崑崙，人死每想是歸到祖先的住處，所以鬼歸於黃泉，也許是這信仰的暗示。自九泉變為仙鄉，於是為死靈再找一個陰間在北方，後來又從北方東移到泰山，又西移到酆都去。黃帝同崑崙的關係，也見於《莊子・天地》。

又，《海外南經》也有崑崙虛的名，畢沅說：「此東海方丈山也。《爾雅》云：三成為崑崙丘，是崑崙者，高山皆得名之。此在東南方，當即方丈山也。《水經注》云：東海方丈亦有崑崙之稱。」是崑崙不止一處，凡高到三層的都可以用這名稱。

二、大壑五山　這是最詳備的海島說。五神山亦作三神山，因為有二山已流失了。《湯問篇》記：

勃海之東不知幾億萬里，有大壑焉，實為無底之谷。其下無底，名曰歸墟，八絃九野之水，天漢之流，莫不注之，而無增無減焉。其中有五山焉：一曰岱輿，二曰員嶠，三曰方壺，四曰瀛洲，五曰蓬萊，其山高下周旋三萬里，其頂平處九千里。山之中間，相去七萬里，以為鄰居焉。其上臺觀皆金玉。其上禽獸皆純縞。珠玕之樹皆叢生，華實皆有滋味，食之皆不老不死。所居之人皆有仙聖之種。一日一夕，飛相往來者，不可數焉。而五山之根，無所連著，常隨波上下往還，不得暫峙焉。仙聖毒之，訴之於帝。帝恐流於西極，失群聖之居，乃命禺彊使巨鰲十五，舉首而戴之，迭為三番，六萬歲一交焉。五山始峙而不動。而龍伯之國有大人，舉足不盈數步而暨五山之所，一釣而連六鰲，合負而趣歸其國，灼其骨以數焉。於是岱輿、員嶠二

山流於北極，沉於大海。仙聖之播遷者巨億計。帝憑怒，侵減龍伯之國使厄，侵小龍伯之民使短，至伏羲、神農時，其國人猶數十丈。

　　海上三神山在鄒衍時已經流行，想是神山最古的說法，到後來才加上二山為五神山。鰲負五山也是從古代傳說而來。《楚辭・天問》「鰲戴山抃，何以安之？」可見戰國末年對於海洋的知識漸廣，而未明深海忽視高山的理，以為底下必有巨鰲負著，或則隨波上下，不能停住。印度古代的地理見解也是如此，以為地下也有大鰲負著。關於二神山流失的話，想是後起的。終北國中的壺領，或是員嶠流到北極的變形故事。對於神山的信仰，另一個說法是當時誤以蜃樓現象為實在，如說望之如雲，到時卻在水中，一切的顏色都是白的，都是屬於蜃樓的記事。自魏晉以後，神山的名目越多，例如王嘉《拾遺記》有崑崙、岱輿、昆吾、洞庭、蓬萊、方丈、瀛洲、員嶠八山。《拾遺記》又有三壺的名目，三壺即海上三神山，方丈為方壺，蓬萊為蓬壺，瀛州為瀛壺。秦漢人主所求的是海上這三座山。為他們做這種事情的都是方士。方士是明方技的人，《漢書・藝文志》說成帝（西紀元前三三年至前七年）時輯天下遺書，命「待醫李柱國校方技」，注說是「醫藥之書」。《史記・扁鵲傳》說扁鵲姓秦，名越人，少時為他人守客舍的舍長，遇長桑君。長桑君出懷中藥贈與他，命他以上池水和藥飲下，三十日當見功效。又把所有禁方書都給扁鵲，忽然不見。後三十日，扁鵲果能透視隔牆一邊的人，看病能盡見五臟癥結。長桑君也是神仙方技一流人物。扁鵲死後，元里公乘陽慶，傳他的方技。陽慶又傳給淳于意。從所傳的書名看來，也是根據陰陽五行而立的醫術。方技多屬醫術，而最要的是不死藥與長生術。秦始皇時的宋毋忌、正

伯喬、克尚、羨門子高、徐福、安期生[5]等都以方術為當世所重，但他們的方法都沒人知道。我們只知道他們或是入海求不死藥，或習長生術而已。

漢初神仙出現，最有名的是黃石公。《史記·留侯世家》記張良在下邳橋上遇一衣褐的老父，授以《太公兵法》。臨別，老父說：「讀此則為王者師矣。後十年興，十三年，孺子見我濟北，谷城山下黃石即我矣。」後十三年，張良從高帝至濟北，果見谷城山下黃石，便取回去奉祀它。張良死與黃石並葬一冢。張良在漢興以後也好神仙。《留侯世家》記：「留侯性多病，即道引不食穀，杜門不出。」他所知的四皓——東園公、綺里季、夏黃公、角里先生——或者也是道引辟穀的道友，《世家》說留侯學辟穀道引輕身之術，欲從赤松子游，高帝崩，呂后強命他食，說：「人生一世間，如白駒過隙，何至自苦如此乎？」留侯乃強食，後八年卒。《巢縣志》載去縣治三十里，湖南有山名白雲，上有子房祠，相傳子房辟穀，來隱於此。祠前有白雲庵、地藏殿，遠方朝山者甚眾。這關於留侯辟穀的處所，恐怕是後人所附會，因為《世家》沒說他到什麼地方，並記他死去。《史記正義》說：「漢張良墓在徐州沛縣東六十五里，與留城相近也。」

秦漢仙人傳授弟子的事很多，如上述長桑君、黃石公之外，還有河上丈人。《史記·樂毅傳·太史公贊》說：「樂臣公學黃帝老子，其本師號曰河上丈人，不知其所出。河上丈人教安期生。安期生教毛

---

5 《太平廣記》說徐福，字君房。秦始皇時有鳥銜草覆死人面，皆登時活，有司奏聞始皇。始皇命齎草以問北郭鬼谷先生。鬼谷云是東海中祖洲上不死之草，生瓊田中，一名養神，其葉似菰，生不叢。一株可活千人。始皇於是遣徐福與僮男女各三千人乘樓船入海尋祖洲。安期生的名字見於《史記·封神書》。李少君對漢武帝說在海上曾見過他。

翁公。毛翁公教樂瑕公。樂瑕公教樂臣公。樂臣公教蓋公。蓋公教於齊高密、膠西，為曹相國師。」這河上丈人或者便是河上公。《神仙傳》說河上公當漢文帝時，於河濱結草為庵。帝讀《老子》有所不解，以時人皆稱河上公解《老子》義旨，乃遣使去問他。他以道尊德貴，不可遙問，文帝親自到庵去請教。文帝問他分屬人臣為何自高？公於是躍身入空中，距地數丈，說：「余上不至天，中不累人，下不居地，何臣民之有？」文帝佩服他，從他受《素書》二卷。他對文帝說：「熟研之，此經所疑皆了，不事多言也。余注此經以來一千七百餘年，凡傳三人，連子四矣。勿以示非其人。」說完，忽然不見。這段故事當是後人的創作。樂臣公與黃老的本師河上丈人將所學傳授許多人，好像是問上公傳《老子》注的本型。

漢代人主求仙最切的是武帝。《封禪書》說，當時有李少君、謬忌、欒大諸人為武帝所信任。李少君以祠灶、穀道、卻老方見武帝。他原是深澤侯舍人，為侯主方藥。自把生時和產地匿起來，遍遊各處，人以他能使物卻老，爭以金錢贈與他。他對武帝說：「祠灶則致物。致物則丹沙可化為黃金。黃金成以為飲食器則益壽。益壽而海中蓬萊仙者乃可見。見之以封禪則不死，黃帝是也。臣嘗游海上，見安期生。安期生食巨棗，大如瓜。安期生仙者通蓬萊中，合則見人，不合則隱。」武帝聽他的話，於是親自祠灶，遣方士入海求蓬萊安期生一流人物。後來少君病死，武帝卻以為化去。自此以後，燕齊的方士便都來了。李少君倡煉丹砂為黃金和祠灶，與後來道教的煉丹及民間祭灶有密切關係。而開道教祭壇法的先河的是謬忌。《封禪書》載：「亳人謬忌奏祠太一方曰：『天神貴者太一。太一佐曰五帝。古者天

子以春秋祭太一南郊，用太牢，七日為壇，開八通之鬼道。」於是天子令太祝立其祠長安東南郊，常奉祠如忌方。」後來又有人上書說：「古者天子三年壹用太牢祠神三一：天一，地一，太一。」武帝於是又命太祝依所說的方法祠三一於謬忌所倡的太一壇上。後來又有人上書說：「古者天子嘗以春解祠：祠黃帝用一梟破鏡；冥羊用羊；祠馬行用一青牡馬；太一、澤山君、地長用牛；武夷君用乾魚；陰陽使者以一牛。」武帝又依方命祠官祭諸神於太一壇旁邊。齊人少翁能以方術致王夫人及灶鬼之貌，武帝拜他為文成將軍。文成又說：「上即欲與神通，宮室被服非象神，神物不至。」於是畫雲氣車，各以勝日駕車以辟惡鬼。又建甘泉宮，中為臺室，畫天地太一諸鬼神的像在上面。後來又作柏梁銅柱及承露仙人掌等。武帝因文成將軍作偽，把他殺掉，又悔未盡得他的方技，於是欒大便乘機以化金術不死方進見，拜為五利將軍。一月之間，大佩天士將軍、地士將軍、大通將軍及五利將軍四印，封樂通侯。武帝又賜他天道將軍玉印，所謂天道是為天子道天神的意思。又有齊人公孫卿為帝說黃帝得寶鼎事，帝封他為郎，東使侯神於太室；又命祠官寬舒等具太一祠壇。太一祠壇仿謬忌法，壇三垓，五帝壇環居其下，各如其方，黃帝西南，除八通鬼道。太一所用的供物與雍一時相同，而加醴棗脯之類，殺一犛牛以為俎豆牢具。五帝壇只用俎豆酒醴，繞壇的四方設諸神及北斗祭座，連續酬酢。祭畢，燎牲物。祭時，太一祝宰衣紫及繡，五帝各如其色，日用赤色，月用白色，皇帝衣黃色。武帝又依寬舒的話建泰畤壇，元鼎四年（武帝即位第二十八年）為伐南越告禱太一，以牡荊畫幡，作日月北斗登龍之形，以象太一三星，為太一峰，名曰靈旗。為兵事祈禱，太史便奉旗以指所伐之國。這建壇奉旗的方法與後來道教的祭醮一科

很有關係。太一神後來成為元始天尊，仍保留著漢代的祭法。所用供物，也是後來祭醮供品之源。疑為唐末所作的《太上金書玉諜寶章儀》所列祭醮品有餅果、鹿脯、魚脯、清酒等物，與漢代差不多。武帝為神仙，屢行封禪，因公孫卿言仙人好樓居，乃於長安作蜚廉桂觀，甘泉宮作益延壽觀、通天臺。又有濟南人公玉帶進明堂圖，說是黃帝時的圖樣。明堂是一殿在中央，四面無壁，以茅為蓋，環宮垣為復道，有樓從西南道入，名曰崑崙。帝依帶所進圖命奉高作明堂於汶上，親祠太一、五帝諸神。因柏梁被燒，公孫卿說：「黃帝就青靈臺，十二日燒，黃帝乃冶明廷。明廷，甘泉也。」方士們又說古帝王有都甘泉的。越人勇之又說：「越俗有火災，復起屋必以大，用勝服之。」於是建建章宮，比以前的宮觀都大；有太液池，池中有蓬萊、方丈、源洲、壺梁，像海中神山，龜魚之屬；有神明臺，高五十丈，上有九室，置九天道士百人。武帝所作諸宮觀為後來道觀的標本。《漢書・地理志》載不其縣有太一仙人祠九所及明堂也是武帝所建。

自武帝後至道教時代，道書所記成仙的人物很多，見於史的如車子侯、東方朔、孔安國、周義山（紫陽真人）、王褒（清虛真人）、梅福、劉根、矯慎等是最著的。他們的方法都不詳，大抵也是道引辟穀罷。服食丹藥也很流行，故《論衡・道虛篇》力說道家服食藥物能輕身益氣延年度世的虛妄。

第七章

巫覡道與雜術

中國古代神道也是後來道教的重要源頭。古人以天和祖先能夠給人禍福，而天的觀念的發展是從死生的靈而來，故在具有人格方面稱為上帝。王者能明白天的意志便可以治天下。《畏子‧天志》說：「古者聖王明知天鬼之所福而辟天鬼之所憎，以求興天下之利而除天下之害。」這神教政冶的精髓是以天的威靈，寄託於天子，天子殁則為祖先在天之靈，以鑑察人間的行為和降下禍福。在《詩經》裡常見祭先祖、先王、田祖、后土、高禖的詩句。無論是崇德報功或祈福禳災，都以天與祖為崇拜對象。天與祖能保護生人，如一家的長老能保護他的子弟一樣。一切崇拜都依據這信仰而行，故人死亦可以受其家人及後代的祭祀。祖先與鬼神的界限很不明了，同有保護人和驅除惡靈侵害人間的能力。

甲 屍與巫的關係

祖先的靈與人交通在古代的傳說上很多。中國古時，人死未葬，立一個靈魂所寄託的重，既葬以後，立主；未殁向屍體禮拜，葬後於祭時使關係人著死者的衣服以享受祭品，也名為屍。葬後的主等於未葬的重，屍等於未殁的屍體。立屍是中國古禮中特異的事。《詩經‧召南‧采蘋》的「於以奠之，宗室牖下，誰其屍之？有齊季女」，《北山‧信南山》的「以為酒食，畀我屍賓，壽考萬年」，《楚茨》的「先祖是皇，神保是饗，……蕊芬孝祀，神嗜飲食，卜爾百福。……禮儀既備，鐘鼓既戒，孝孫徂位，工祝致告，神具醉止，皇屍載起，鼓鐘送屍，神保聿歸」，所說的「屍賓」、「神保」、「神」、「皇屍」等名稱都是指著代表死靈的人而言。屍最初是代表死靈，《禮記‧郊特牲》

說：「屍，神像也。」《儀禮・士虞禮》「祝迎屍」注說：「屍，主也，孝子之祭不見親之形象，心無所繫，立屍而主意焉。」《朱子語類》卷九十說：「古人祭祀無不用屍。杜佑說：『古人用屍者，蓋上古樸野之禮，至聖人時尚未改，相承用之，今世不復用。』杜佑說如此。今蠻夷瑤洞中，猶有屍遺意焉。嘗見密溪祭祀有中王神者，必以一家之長序輪為之。其人某歲次及，必恭謹畏慎，以副一鄉祈向之意。看來古人用屍自有深意，非樸陋也。」又說：「古人用屍，本與死者一氣又以生人精神去交感他。那精神來會，便附著歆享。」宋時朱子在福建邵武密溪見過中王神，現在海南島澄邁宗祠祭祀也有族中老者於祭時站在神主前向族人祝福的風俗，也是屍的遺意。屍本來用於宗廟，後來推到天地山川等等祭祀也用起來。因為天地等祭祀有配享的祖靈，於是立配享者的屍。《左傳》昭公七年晉祀夏郊，《晉語》載：「平公祀夏郊以董伯為屍。」《虞夏傳》：「舜入唐郊，以丹朱為屍。」《白虎通》載「周公郊，以太公為屍；祭泰山，以召公為屍。」都是非廟祭所立的屍。

從代表祖先的屍，漸次演進為專門事神及傳達神意的巫。最初的巫恐怕有一部分是從屍流衍而來。巫在原始時恐怕都是女子，她能以歌舞降神，預言吉凶。春秋戰國時代，人君信任巫覡的事很常見。楚國的巫風最著，在《楚辭・九歌》中如《東皇太一》、《少司命》、《東君》等篇所記的靈保與巫的服飾與行動，都可以想像年當二八的處女著美麗的衣服，執薰香的草，舞和鳴的鸞刀，歌婉囀的音聲，起婆娑的舞。從《詩・陳風・宛丘》也可以想像當時的舞風。「恆舞」與「酣歌」是巫風，因為歌舞是降神術的一種。《說文》：「巫，祝也。女能

事無形，以舞降神者也。象人兩袞舞形。與工同意。「巫也名工，故巫祝又稱工祝。大抵初時以女人為多，男子較少。《禮記‧檀弓下》載穆公因天旱欲暴巫，縣子說：「天則不雨，而望之愚婦人！」《史記‧西門豹傳》也說巫為老女子。《漢書‧地理志》說：「齊襄公令國中民家長女不得嫁，名曰巫兒，為家主祀。」可見巫多是女子。

乙 巫的職能

祭祀的種類繁複，專掌祭祀的官便產生出來。從什麼時侯才把屍（或靈保）與巫祝分開不得而知。《漢書‧郊祀志》及《國語‧楚語》都記巫的起源。《楚語》記古代巫祝宗的職務的演進說：「古者民神不雜，民之精爽不攜貳者，而又能齊肅衷正，其知能上下比義，其聖能光遠宣朗，其明能光照之，其聰能聽徹之，如是則明神降之，在男曰覡，在女曰巫。是使制神之處位次主，而為之牲器時服，而後使先聖之後之有光烈，而能知山川之號，高祖之主，宗廟之事，昭穆之世，齊敬之勤，禮節之宜，威儀之則，容貌之崇，忠信之質，禋潔之服而敬恭明神者，以為之祝。使名姓之後，能知四時之生，犧牲之物，玉帛之數，採服之儀，彝器之量，次主之度，屏攝之位，壇場之所，上下之神，氏姓之出，而心率舊典者為之宗。於是乎有天地神民類物之官，謂之五官，各司其序，不相亂也。民是以能有忠信，神是以能有明德。民神異業，敬而不瀆，故神降之嘉生。民以物享，禍災不至，求用不匱。及少皞之衰也。九黎亂德，民神雜糅，不可方物；夫人作享，家為巫史，無有要質；民匱於祀，而不知其福；烝享無度，民神同位；民瀆齊盟，無有嚴威；神狎民則，不蠲其為；嘉生不

降，無物以享；禍災薦臻，莫盡其氣。乃命南正重司天以屬神，命火正黎司地以屬民，使復舊常，無相浸瀆，是謂絕地通天。」這裡把巫、祝、宗三種人分開，說明他們的職業，後來因為民神雜糅，人人享祀，家家自為巫史，不誠不潔，於是困於祭祀而不獲得福報，於是立南正的官來統理神事。在原始時代，巫的身分最高，進而為祝，為宗，再進而為南正，為宗伯。古時沒有典祭祀的官，只有巫官，一切祭祀祝贊徵兆的事都由他管理。《史記‧封禪書》載殷太戊時有巫咸，《尚書咸乂序》說：「伊陟相大戊，亳有祥桑谷共生於朝，伊陟贊於巫咸，作《咸乂》四篇。」《古文尚書》大戊之臣巫威，《今文》作巫戊。《白虎通‧姓名》說殷以生曰名子，如太甲、武丁是，於臣民而得如此，如殷臣有巫咸、祖己是。「咸」並非干支，當是「戊」的誤寫。巫戊是現在所知最古的巫官的名。

巫的職能很多，都依祈禳禁咒方藥來行事，大體說來，約有六件。

一、降神　神附在巫的身體上，如今南中國的跳神師公、跳神師婆、童子，和北亞洲的跳神師（Shaman）一樣，即《楚語》所謂「明神降之」的意思。僖公十年《左傳》記太子申生附於新城之巫，是降神的事例。《周禮‧春官》司巫的職掌也主降巫之禮。

二、解夢　夢是古人用於預兆的一種，是神表示意思於人的一個方法，必要巫的聰明才能了解。成公十年《左傳》晉侯夢大厲，召桑田巫來解釋；襄公十八年《左傳》齊侯夢與厲公訟，召梗陽之巫來問話，都是以巫解夢的例。夢與魂魄的遊行有關，故《楚辭‧招魂》以

招魂為掌夢之官所主。掌夢也是巫官的一種。

三、預言　這是巫光遠宣朗、上下比義的能力。如《左傳》文公十年楚的范巫矞似預言成王子玉、子西的命運；成公十年，晉桑田巫預告晉侯不得食新麥；襄公十八年，巫皋預告中行獻子的命終，都是事例。巫多兼占卜，故能說預言。《周禮・春官・大宗伯》，簪人在九筮說：「一曰巫更，二曰巫咸，三曰巫式，四曰巫目，五曰巫易，六曰巫比，七曰巫祠，八曰巫參，九曰巫環，以辨吉凶。」宋劉敞《七經小傳》解這段說：「此乃前世通於占者九人，其遺法存於書，可傳者也。古者占筮之工，通謂之巫，更、咸、式、目等其名也。巫咸見於他書者多矣。易疑為易，易古陽字，所謂巫陽也。其他則未聞，雖未聞，不害其有也。」《荀子・王制》說：「相陰陽，占祲兆，鑽龜陳卦，主禳擇五卜，知其吉凶妖祥，傴巫跛擊之事也。」楊倞注：「擊讀為覡，男巫也。古者以廢疾之人主卜筮巫祝之事，故曰傴巫跛擊。」到陰陽五行說出世，巫史便採五行說來說預言：如《史記・封禪書》說秦獻公（西紀前三七〇年）時周太史儋所說的是很明白的例。

四、祈雨　古時常以女巫祈雨。《周禮》女巫「暵則舞雩」舞師「教皇舞，帥而舞旱暵之事」。古時祈雨必舞雩，《論衡・明雩》說魯禮於暮春令樂人涉沂水以象龍從水中出，歌舞雩的歌，詠而行饋祭，所以《論語》說「浴乎沂，風乎舞雩，詠而歸」。歸作饋祭解。祈雨不應，甚至把巫焚燒，或曝於日中。《左傳》僖公二十一年公因大旱欲焚巫尪，臧文仲以為無益。縣子勸穆公的話也是一樣的意思。

五、醫病　　與巫最有關係的是醫術。《呂氏春秋‧審分覽‧勿躬》說巫彭作醫，巫咸作筮。《山海經‧海外西經》說「巫咸國在女丑北，右手操青蛇，左手操赤蛇，在登葆山，群巫所從上下也。」又《海內西經》記「開明東有巫彭、巫抵、巫陽、巫履、巫凡、巫相，夾窫窳之屍，皆操不死之藥以距之。窫窳者蛇身人面，貳負臣所殺也。」巫夾死者的屍，暗示與神保的關係。《大荒西經》又記：「大荒之中有山名曰豐沮玉門，日月所入，有靈山、巫咸、巫即、巫盼、巫彭、巫姑、巫真、巫禮、巫抵、巫謝、巫羅，十巫從此升降，百藥爰在。」巫咸即巫戊。巫盼即巫凡，及《水經》涑水注的巫盼。巫真、巫禮，《水經注》作巫貞、巫孔。《海內西經》的巫履與巫禮或是一人。巫相疑即巫謝。以上除巫咸外，都是郝懿行的見解。《山海經》裡凡記群巫升降、上下、從來的山都是出藥的地方。

初民以疾病為鬼附體內，故用巫術祛除它。例如《左傳》成公十年，晉侯夢二豎子，自說居肓之上膏之下，雖醫緩來也沒能為。又昭公元年《傳》說鄭子產聘於晉，值晉侯病，叔向向子產說卜人以為實沈台駘作祟。又，昭公七年《傳》，韓宣子問子產，晉侯所做黃熊入寢室的夢是什麼厲鬼。這都是以疾病為厲鬼附身，須借巫祝的力量去祛除它，《左傳》所記諸病多與鬼物有關。這書於漢哀帝時代漸次流行，可以推想秦漢間人對於鬼與病的關係的信仰。古時的巫便是醫，便是祝，故稱巫醫和巫祝。《汲冢周書‧王會解》說：「為諸侯之有疾病者，阼階之南，祝淮氏、榮氏次之皆西南；彌宗旁之，為諸侯有疾病者之醫藥所居。」是天子臨朝，有淮氏、榮氏之祝為諸侯治疾病，有彌宗為有疾病的諸侯的醫藥處。醫也稱巫，如《周禮‧夏官‧

大司馬》之屬斁馬者為巫馬。巫馬職說：「掌養疾馬而乘治之。相醫而藥攻馬疾。」《管子‧經言‧權修篇》、《呂氏春秋‧季春紀‧盡數篇》、《論語‧子路》，都有「巫醫」的名辭。巫醫的名稱在後漢時還用，《後漢書‧方術傳》（卷一一二上）及《郭鎮傳》（卷七六）裡都見。現在鄉間的祝由科也是古巫醫的一種。巫與醫分業不知從什麼時候起，《左傳》成公二年與昭公元年的醫緩與醫和都是巫兼醫者。《史記‧扁鵲傳》記扁鵲說病有六不治，其六是「信巫不信醫」。從這話看來六國之初，巫與醫已不盡合一了。

六、星占　周秦時代星占術很盛行，當時學者也以明天道為尚，直到漢代風氣仍然不改。《漢書‧藝文志》所錄陰陽、天文、曆譜諸家的書都與星占有關。《志》記陰陽家說：「蓋出於羲和之官，敬順昊天，曆象日月星辰，敬授民時，此其所長也。及拘者為之，則牽於禁忌；泥於小數，舍人事而任鬼神。」記天文家說：「天文者，序二十八宿，步五星日月，以紀吉凶之象，聖王所以參政也。」記曆譜家說：「曆譜者，序四時之位，正分至之節，會日月五星之辰，以考寒暑殺生之實。故聖王必正曆數以定三統服色之制，又以探知五星日月之會，凶厄之患，吉隆之喜，其術皆出焉。此聖人知命之術也。」此外雜占中有《禳祀天文》十八卷，《泰壹雜子候歲》二十二卷，《子贛雜子候歲》二十六卷，或者都與星占有關。《史記‧天官書》太史公說：「昔之傳天數者：高辛之前，重、黎；於唐、虞，羲、和；有夏，昆吾；殷商，巫咸；周室，史佚、萇弘；於宋，子韋；鄭則裨灶；在齊，甘公；楚，唐昧；趙，尹皋；魏，石申。」《後漢書》以下的《天文志》都本《史記》的記載。《後漢書》加入魯的梓慎。《晉

書》加入卜偃。這等人仰占俯視以佐時政，凡禍福之源，成敗之勢，都能預知。《晉書・天文志》說：「其巫咸、甘、石之說，後代所宗。」或者《開元占經》便是這三家的遺說。據《晉書》，武帝時，太史令陳卓（《隋書》作三國時吳大史令）總甘、石、巫咸三家所著星圖。《隋書》始立甘氏、石氏、巫咸三家星官，著於圖錄。《史記・天官書》所說的有些或者出於石氏，而《漢書・天文志》則採甘、石二氏之說。巫咸或是假託的說法，《漢書藝文志》雜占中有《甘德長柳占夢》二十卷，可知甘公兼能占夢。《左傳》昭公二十八年，記魯的梓慎，鄭的裨灶，能推天文，判吉凶，其地位與兩國的大夫相等。此外，子韋為宋景公的史，萇弘為周史，故知巫與史的職分最初也沒有分別。史的資格最初是占星家。《周禮》大宗伯之屬有大史、小史、內史、外史，其掌職之一為治曆。春秋時代天子諸侯之臣掌天文的有日官或日御的名稱。日官、日御便是太史。史官所掌的事，兼知禮儀的等次及吉凶的兆頭。《左傳》閔公二年狄擒衛太史華龍滑、禮孔，二人請釋歸告神；莊公三十二年，有神降於莘，惠王問內史什麼緣故；僖公十六年，宋隕石，六鶂退飛過宋都，襄公去請問周內史叔。這都是史還沒完全從巫的職業分化出來，所以祝、卜、筮、巫，都可以附上「史」字如祝史、祭史（昭十七年）、筮史（僖二十八年）、巫史（《禮運》）等。

　　巫的職能分化越多，漸次分為專掌典禮的祝。祝主知神明的位次，犧牲器服的數目，頌禱之辭，祝詛之文。《周禮・大祝》：「掌六祝之辭，以事鬼神，示祈禱福祥，求永貞。」《左傳》桓公六年，記隨季梁諫隨侯的話：「祝史正辭，信也，今民餒而君逞欲，祝史矯舉

以祭，臣知其不可也。」因為祝所作的辭文飾君德，不恤民餒，是欺騙鬼神，故不可行。《左傳》昭公二十年，齊侯有疾，齊嬖臣勸侯誅史囂、祝固之罪，因為他們事神不誠。春秋，列國會盟，君臣相約，都要質於神明，這事是祝所掌。祝因為主撰祝辭，知祭祀的禮節，故又稱祝史。列國史官都與祭祀有關。巫與祝的分別在前者為宗教的，後者為典禮的。祝是奉祭祀，作禱詞的官吏，巫只能降神，預言吉凶，為個人的事業。祝有專知一代之禮的，如夏祝、商祝是。殷以前，巫為大臣，後世文明日進，遂出典禮的祝，巫遂失掉政治地位，只為民間所信仰，故各巫多以所住之地被知，如范邑之巫，桑田之巫，梗陽巫等是。巫死後，每被尊為神，人向他們求福。《左傳》隱公十一年，記隱公為公子時被鄭人囚於尹氏，遂賂尹氏而禱於其主鐘巫。秦惠文王與楚構兵，詛楚敗北，在《詛楚文》中所禱的神有一位是巫咸。這二人都是已死的巫。古中國於巫的信仰極深，名巫死後，仍被崇拜為神，如福建之天后、廣東的金花娘娘等，是最著的。

宗是巫最高的地位。古時巫介在人神之間，通上下之意，後來分為巫與祝，由祝進而為宗。宗是《周禮》六官之一。周時祝宗的地位比巫高。巫只有巫官之長、司巫二人，資格為中士，其外巫師四人，也是中士。司巫以下的男女巫很多，都沒爵位，只聽命於司巫，以行法術，祝就有大祝、小祝。大祝有下大夫二人，上士四人輔助他。小祝有中士八人，下士十六人輔助他。王后世子的大喪，有喪祝，上士二人，中士四人，下士八人。講武冶兵與兵祭時的甸祝有下士二人。會盟時告神明的詛祝有下士二人。看來祝的資格為下大夫及上士，而巫不過中士，宗的領袖是大宗伯了。

丙 秦漢的巫祠

巫雖分為祝與宗，地位卑下，而民間對於他的信仰仍不少減。秦漢神祠還有置祝宮女巫的。《史記・封禪書》記漢高祖於長安置詞祝官女巫，說：

梁巫　祀天地、天社、天水、房中、堂上之篇。（天社、天水、房中、堂上，疑為星名。）

晉巫　祀五帝、東君（日）、雲中（雲）、司命（文昌四星）、巫社、巫族人、先炊之屬。

秦巫　祀社主、巫保、族累之屬。（巫保、族累或是古巫的名字）。

荊巫　祀堂下、巫先、司命、施糜之屬。

九天巫　祀中央鈞天、東方蒼天、東北旻天、北方元天、西北幽天、西方皓天、西南朱天、南方炎天、東南陽天，即所謂九天。

河巫　祀河。

南山巫　祀南山、秦中。

以上梁巫、晉巫、秦巫、荊巫、九天巫皆以歲時祀於宮中。河巫祀河於臨晉。這些巫祠，是後來道教崇拜的根源。道教的天地水三官，司命、灶君、九天等，都是沿用漢初的名稱。秦中是秦二世皇帝。《集解》說：「張晏曰：子產云，匹夫、匹婦強死者，魂魄能依

人為厲。」因為二世皇帝死於非命，怕他的鬼魂為厲，所以祭他。這思想是從古巫術而來，與《山海經·海內西經》所記群巫來貳負所殺的「窫窳之屍」的意思差不多。依《禮記·祭法》，死者被祀應有五件事之一才可以。五件事是：法施於民，以死勤事，以勞定國，能御大災，能捍大患。古緬甸人建城必於城門活埋男女若干人，以為死者的靈可以守護國門，震攝敵人。中國的武神，如秦漢祀蚩尤，六朝祀項羽、劉章，宋以後祀關羽，今加祀嶽飛，從原始的思想看來多半也是因為他們都是死於非命，不必是因為他們的功勞，不然祀班超、馬援，當比關、嶽強得多。厲鬼的威靈越古越小，所以秦漢祀古人，六朝祀漢人，宋明清祀三國人，今祀宋人。

⊺ 雜術

　　事鬼神是巫覡的事，其目的在納福祛禍，消災去難，禁厭及醫術因此也為巫的一種事業。禁厭與醫術是消除災難的一種方法。《洪範》以壽、富、康寧、攸好德、考終命為五福，以凶短折、疾、憂、貧、惡、弱為六極。五福之首為長壽，六極大半是疾病。這樣表露著要求長生和趨避短折的心情。故中國人的生活目的只是「長命富貴」四字。《洪範》的年代約在戰國末，可以說這民族的代表思想是從那時形成，後來道教徒取為人生的唯一希望，以致達到不可收拾的地步，人只求長命富貴而不問達到的手段與意義。《洪範》這書，與其說是儒家的，不如說是道家和神仙家的著作。道教信仰的最初步便是從長生去病的要求發展而來。長生去病的積極方法便是養生攝生。道教的攝生理想是人身能夠入水不溺，入火不焚，兵刀不能傷，時令不能

害。要長生先得身體康健，康健的人，疾病鬼物邪氣，都不附體。身體的大敵最近的是疾病，所以修道的人應當深明醫術。《抱朴子·雜應》（第十五）說：「是以古之初為道者，莫不兼修醫術，以救近禍焉。」這顯示初學道的必須先明醫術。醫治疾病不單靠藥物，有時由於鬼物作祟，故亦須兼明咒術，中國古醫書中的《素問》與《靈樞》（《漢書》的《黃帝內經》），無論是冠以黃帝的名或依託道家，都可以看出醫術與道家的關係。《史記·封禪書》記武帝時的方士李少君曾為深澤侯舍人主方藥，明當時方士也能醫。

禁厭符咒不知始於何時，多半是由南方的巫傳來。《封禪書》說越國巫道多用禁咒禳鬼。《後漢書》（卷百十二下）《徐登傳》說趙炳「能為越方」，章懷太子引《抱朴子》注說：「道士趙炳以氣禁人，人不能起；禁虎，虎伏地，低頭閉目，便可執縛。以大釘釘柱入尺許，以氣吹之，釘即躍出，射去，如弩箭之發。」又引《異苑》說：「趙侯以盆盛水，吹氣作禁，魚龍立見。」看來越方是一種咒術，能使事物現超自然的現象。《徐登傳》說趙炳以東流水為酌，以桑皮為脯，升茅屋支鼎而爨，最要的是以禁架法療疾。咒與祝同脫。《說文》解祝為祭主贊司言者，是用語言與神明交通的意思。相傳武王克殷二年而疾作，周公乃告於大王王季、文王之靈，願以身代。當時把祝文讀完便藏於金縢之匱，翌日武王忽然病癒。那祝詞便是現在《尚書》的《金縢》。從「惟爾元孫某」至「爾不許我，我乃秉璧與珪」是祝詞本文。祝詞之首有「史乃冊祝曰」，是祝為史所作可知。又《洛誥》「王命作冊，逸祝冊」，逸即史佚。祝詞本為祝所讀，今二書皆為史所讀是祝史通職的緣故。《左傳》哀公二年蒯瞶入衛都，禱於其祖先

之靈，結尾有「大命不敢請，佩玉不敢受」，也是祝詞。《周禮》大祝掌六辭：祠、命、誥、會、禱、誄，後來具有這些能力的就不定是祝，士大夫的九能，也是從祝宗的職能而來。《楚辭‧九歌》為屈原改作原來的巫詞。祭祀的祝辭，後來便成為民間的咒文。在印度咒術未入中國以前，中國已有咒文。《後漢書‧解奴辜傳》說：「河南有曲聖卿，善為丹書符劾，厭殺鬼神，而使命之。初章帝時，有壽光侯者，能劾百鬼眾魅。」文字能夠治邪，聖言可以辟鬼的觀念很古，《淮南子》記倉頡作書而鬼夜哭，便是根據這觀念的傳說。又《後漢書‧費長房傳》記長房從仙人受仙法，歸時又作為一符曰：「以此主地上鬼神。」也是一種護符。總而言之，從巫術分出來的禁架法隨著巫道盛行於各處，吳越荊楚最盛行，故可以說咒術起於南方。後來在蜀鳴鶴山所起的天師道，以符水治病，都從南方的巫術發展而來。《抱朴子‧至理》（第五）也說：「吳越有禁咒之法，其有明效。」也可以證明南方禁咒的盛行，《抱朴子》與《漢書》中「禁咒」二字常見，至於符、厭勝等事，或者在後漢時代才有。

除掉符書以外，水與鏡是禁架法最常用的東西。水能潔淨器物，也能驅除邪氣惡疾。許多地方都有聖泉聖井，有些是治病，有些是賜福的。印度的恆河是最著名的聖河。在中國凡東流水、井心泉都有治病功能。這種聖泉隨時隨地都可以創造，如北平玉泉山的泉水是近幾年新被信仰的水。古人的修禊也是以水有治病祛邪的功能。古人對於透明或能反射的物質都以為具有神祕能力，最普遍的是鏡子。《抱朴千‧登陟》（第十七）說：「萬物之老者，其精悉能假託人形，以眩惑人心，而常試人，唯不能於鏡中易其真形耳。是以古之入山道士，

皆以明鏡九寸以上懸於背後。則老魅不敢近人。或有來試人者,則當顧視鏡中,其是仙人及山中好神者,顧鏡中故如人形,若是鳥獸邪魅,則其形貌皆見鏡中矣。」用鏡照妖在中國到處都可見到,《抱朴子》說古人這樣做,想在秦漢二代已是如此。秦漢鏡子現存很多,每有鐫吉利語和闢邪詞的,想見當時以鏡為有神祕能力的信仰。

以桃枝或畫虎形治鬼也是古代的巫術。《禮記‧檀弓》說:「君臨臣喪,以巫祝桃茢執戈,惡之也。」《左傳》襄公二十九年所記是用桃茢的事例。《藝文類聚》(八六,果部)引《莊子》佚文「插桃枝於戶,連灰其下,童子入不畏,而鬼畏之」。《淮南‧詮言訓》「羿死桃棓」注說:「棓大杖,以桃木為之,以擊殺羿,由是以來,鬼畏桃也。」《荊楚歲時記》引《風俗通》說:「《黃帝書》,上古時有神荼、鬱律,二人性能度鬼。度索山上有桃,樹下簡閱百鬼無道理妄為人禍害者,縛以葦索,執以飼虎。」桃是生命的象徵,所以有殺鬼的能力。現在道士還有用桃劍驅鬼的,南方人家每貼虎形於門楣上,是像度索山上食鬼的虎。玄壇、紫微,都騎著虎,所以也能辟鬼。

古代所行的儺也是驅鬼逐疫的巫術。季春、仲秋、季冬都有儺。季春是有國者儺,仲秋為天子儺,季冬有司大儺,及於庶人。《鄉黨》的儺和《郊特牲》的禓,都是庶人的儺。《周禮‧春官》占夢,「季冬,遂令始儺,毆疫」,注說令方相氏執兵器以驅疫病。所謂「始」,是說在上行完儺,諸侯萬民始能舉行。巫也參與儺事,男巫職說:「冬,堂贈,無方,無算。」鄭玄以為是於禮畢送不祥及惡夢的禮。杜子春說:「堂贈,謂逐疫也。無方,四方為可也。無算,道里無數,遠益善也。」《月令》所載季春命國儺,九門杰攘,以畢春氣;

仲秋，天子乃儺，以達秋氣；季冬，命有司大儺，旁磔，出土牛，以送寒氣；方悫說夏陽氣盛，陰厲不能作，故無須儺。如《搜神記》所說。顓頊有三子，死而為癘鬼：一居江水為瘧鬼，一居若水為魍魎鬼，一居人宮室，善驚人小兒，為小鬼。於是正歲命方相氏儺以驅逐它們。方相氏的形狀見於《周禮‧夏官》，當儺時，狂夫四人，蒙熊皮，黃金色，四目，元衣朱裳，執戈揚盾，表示他的威猛。漢朝仍沿用古儺禮，在《後漢書‧禮儀志》裡說：

先腊一日，大儺，謂之逐疫。其儀選中黃門子弟年十歲以上，十二歲以下百二十人為侲子，皆赤幘皂制，執大鼗。方相氏黃金四目，蒙熊皮，玄衣朱裳，執戈揚盾。十二獸有衣毛角，中黃門行之，冗從僕射將之，以逐惡鬼於禁中。夜漏上水，朝臣會侍中、尚書、御史、諸者虎賁羽林郎將，執事皆赤幘，陛衛乘輿御前殿。黃門令奏曰：「侲子備，請逐疫。」於是中黃門倡，侲子和曰：「甲作食㐫，胇胃食虎，雄伯食魅，騰簡食不祥，攬諸食咎，伯奇食夢，張梁、祖明共食磔死、寄生，委隨食觀，錯斷食巨，窮奇、騰根共食蠱。凡十二神追惡凶，赫女驅，拉女干節，解女肉，抽女肺腸，女不急去，後者為糧。」因作方相與十二獸儺，歡呼周遍，前後省三過，持炬火送疫出端門。門外騎騎傳炬出官，司馬闕門。門外五營騎士傳火棄雒水中。百官官府各以木面獸能為儺人師訖，設桃梗、郁儡、葦茭，畢，執事陛者皆罷。葦戟、桃枝，以賜公卿、將軍、特侯云。

古代的儺為今日鄉間道士驅鬼的前影，不過人數與裝束不同而已。西藏蒙古的跳鬼或打鬼，相傳是紀念西藏古時佛徒刺一個毀法的王的慶典，但也與儺的意味差不多，大概也是從古巫術流衍下來的。

儺以外還有厭勝的方術。《封禪書》所記周靈王時，萇弘勸方怪之說，依物怪以降諸侯，與漢武帝時，巫蠱厭勝的方術相似。書中又說秦德公「作伏祠，磔狗於邑之四門，以御蠱菑」。秦漢人主求神仙，一方面就得祓除邪惡，故所立的祠都與厭勝有關。如五帝之祀起於五行說流行以後，秦哀公祠白帝，漢高祖加祠黑帝，以後增為五方，在武帝時，《淮南子》已想像五方帝的人格。今將《天文訓》所述五方之神表列於下。

此中勾芒、后土為最有名的神。勾芒的信仰很古，《思子・明鬼》已記其顯靈之處。后土的崇拜到現在還不衰。漢時五方五行的觀念很強，放日也有吉凶。占日的人為日者。如武帝時的少翁「以勝日駕車辟惡鬼」，《索隱》說：「木青色，故以甲乙日畫青車駕之。火赤色，故以丙丁日畫赤車駕之。」就是應用五行說於曆日相剋的方術。後世盛行的吉凶日及厭勝術都從這時產出。由年月日時之吉凶推到人生的本命。《晉書・戴洋傳》有「君候之本命在申」及「使君今年四十七，行年入庚寅，故有大厄」的文句。這本命論恐怕起於三國時代。

方	東	南	中	西	北
行	木	火	土	金	水
帝	太皞	炎帝	皇帝	少皞	顓頊
佐	勾芒	朱明	后土	蓐收	元冥
治	執規治春	執衡治夏	執繩治四方	執矩治秋	執權治冬

秦漢所封有八神：天主、地主、兵主、陰主、陽主、月主、日主、四時主。除天主及兵主外，都是山東的山。天主祠天齊。天齊是天的腹臍。兵主祠蚩尤。地主祠泰山，自漢以後，此山便成為司人魂

魄的神，現在所謂東嶽大帝或泰山府君的便是。東嶽也是道教主要的神。

最後，道家的方術中，還有所謂房中術的。這術也起於漢代。《漢議書‧藝文志》房中家有《容成陰道》二十六卷，八家共百八十六卷。這術本近於醫家，因為道家主張攝生，遂以男女之事為可以調節精氣，使人不老。《後漢書‧甘始傳》說：「甘始、東郭延年、封君達，三人者皆方士也。率能行容成御婦人術，或飲小便，或自倒懸，爰嗇精氣，不極視大言。」《王真傳》也說王真、郝孟節皆容貌似未至五十，「不絕居室」。《琅琊代醉篇》說東方朔得此術以傳一女子，至元延年中，百二三十歲，貌如童女。又霍去病時，有神君女子以太一之精補氣，出於《漢武內傳》。《內傳》為道教徒所偽託，或是六朝之作品。《抱朴子‧釋滯》（卷八）「說房中之事近有百餘事」，可見當時人對於採補的迷信程度。《後漢書‧冷壽光傳》注引劉向的《列仙傳》裡說：「容成公者，能善補導之事，取精於玄牝，其要穀神不死，守生養氣者也。髮白復黑，齒落復生。御婦人之術，謂握固不瀉，還精補腦也。」可知在西漢時代已有用《老子》文句來解房中的。《老子》的玄牝、穀神，很易被用為房中的名辭。

巫覡道與方術預備了道教的實行方面，老莊哲學預備了道教的思想根據。到三張、二葛出世，道教便建立成為具體的宗教。

昌明文庫・悅讀國學 A0602010

道教史

作　者　許地山
版權策畫　李　鋒
責任編輯　楊家瑜

發行人　林慶彰
總經理　梁錦興
總編輯　張晏瑞
編輯所　萬卷樓圖書股份有限公司
臺北市羅斯福路二段 41 號 6 樓之 3
電話 (02)23216565
傳真 (02)23218698

出　版　昌明文化有限公司
桃園市龜山區中原街 32 號
電話 (02)23216565
發　行　萬卷樓圖書股份有限公司
臺北市羅斯福路二段 41 號 6 樓之 3
電話 (02)23216565
傳真 (02)23218698
電郵 SERVICE@WANJUAN.COM.TW

ISBN 978-986-496-205-1
2018 年 1 月初版
定價：新臺幣 220 元

如何購買本書：
1. 轉帳購書，請透過以下帳戶
   合作金庫銀行　古亭分行
   戶名：萬卷樓圖書股份有限公司
   帳號：0877717092596
2. 網路購書，請透過萬卷樓網站
   網址 WWW.WANJUAN.COM.TW
大量購書，請直接聯繫我們，將有專人為您
服務。客服：(02)23216565 分機 610

如有缺頁、破損或裝訂錯誤，請寄回更換
版權所有・翻印必究
Copyright©2016 by WanJuanLou Books CO.,
Ltd.All Rights Reserved　Printed in Taiwan

國家圖書館出版品預行編目資料

道教史 / 許地山作. -- 初版. -- 桃園市：昌
明文化出版；臺北市：萬卷樓發行, 2018.01
　面；　公分. -- (昌明文庫. 悅讀國學)
ISBN 978-986-496-205-1(平裝)
1.道教史

238　　　　　　　　　　　　107001911